JN088734

中小企業のための

実戦契約法務

弁護士

木村　英治 著

週刊「税務通信」「経営財務」発行所
税務研究会出版局

は し が き

　本書は、主に中小企業を念頭に置いた契約法務（契約の準備・締結・運用等に関する法律実務）の解説書であり、「実戦」の場で役立つと考えられる観点やノウハウ等の紹介を主眼としています。

　こうした趣旨を踏まえ、本書では、著者自身の弁護士としての実務経験や体感に沿って計76個のテーマを設定した上で、それらについての解説内容が極力具体的に伝わるように、条項例、記載例、イメージ図、具体例等の掲載に努めました。

　なお、周知のとおり、いわゆる債権法改正として、「民法の一部を改正する法律（平成29年法律第44号）」が令和2年4月1日から施行されます（同施行期日にはわずかな例外がありますが、ここでは割愛します。）。

　本書において、かかる改正との関連性を意識すべき箇所では、その旨を明示するか、あるいは、「改正民法ひとくちメモ」等の注記を付しており、このような明示・注記等が一切ない解説内容については、基本的に、同改正の前後を問わず妥当すると考えていただいて結構です。

　本書の利用法としては、興味の湧いた箇所だけを拾い読みしていくような形でも全く問題はありません。

　そうした読み方を想定して、本書では、目次をできるだけ詳細に記載し、かつ、各テーマの冒頭に「視点」を示すことで、読者が取捨選択しやすくなるように心がけています。

　なお、本書の全体構成は下記のとおりですので、いわば「目次の目次」としてご参照いただけると幸いです。

Ⅰ 「契約」の理解
 1．契約に関する重要概念（8テーマ）
 2．中小企業法務で頻出の契約（9テーマ）

Ⅱ 契約書の活用
 1．契約書に関する基本知識（7テーマ）
 2．契約書で頻出の条項（10テーマ）
 3．契約書の取り交わしに関する留意点（9テーマ）
 4．契約書における一歩進んだ工夫（11テーマ）

Ⅲ 契約法務に必須の会社法知識
 1．取締役の利益相反取引（7テーマ）
 2．取締役の競業取引（4テーマ）
 3．取締役会設置会社の重要取引（3テーマ）
 4．その他の取引上の問題（3テーマ）
 5．重要書類等の開示（5テーマ）

　最後に、本書の刊行に際しては、企画段階から長期間にわたり、株式会社税務研究会の加藤ルミ子氏より多大なるご尽力を賜りました。この場を借りて心より御礼申し上げます。

令和2年2月

木村経営法律事務所
弁護士　木村英治

目　　次

Ⅰ　「契約」の理解

Ⅱ　契約書の活用

Ⅲ　契約法務に必須の会社法知識

凡　例

本書において使用した法令等の省略形は概ね次による。

【省略例】　会社法第356条第 1 項第 2 号→会社法356①二

改正民法(新法)……民法の一部を改正する法律（平成29年法律第44号）の基本
　　　的施行日（令和 2 年 4 月 1 日）以後の民法

改正前民法(旧法)…上記の法律の施行日前の民法

　＊単に「民法」という場合は、改正前民法と改正民法の双方を意味する。

消契法………消費者契約法

本書は原則として令和 2 年 1 月 1 日現在の法令等に基づいている。

I

「契約」の理解

1 契約に関する重要概念

〈1〉 契約の意義 〜「契約」とは何か〜

┌ 視 点 ┐

　実務的な見地からも、「契約」という法概念についての最低限の理解は必要であるといえます。

　そこで、本項では、「契約」の意義やこれに関する重要な原則を略説します。

---

1 契約の意義

　「契約」について法学上の観点から詳細に解説しようとすると、かなり専門的で複雑な記述を要しますが、実務上は、**【複数の当事者が合意によって相互間に権利・義務を発生させる行為】**と理解しておけば足りると思われます。

　こうした「契約」のイメージを図示してみると、次のようになります。

＜「契約」のイメージ＞

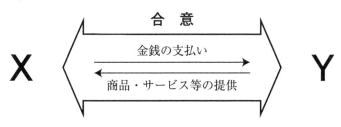

合　意

X　　金銭の支払い　→　　商品・サービス等の提供　←　　Y

2 契約自由の原則

契約に関する重要な原則として、**契約自由の原則**というものがあり、実務でも、時折、「契約自由の原則からして、この条項もありだと思いますよ」などといった形で言及される場面が見受けられます。

契約自由の原則は、通常、①**契約締結の自由**＝契約を締結するか否かを任意に決定できる自由、②**相手方選択の自由**＝契約の相手方を任意に選択できる自由、③**内容決定の自由**＝契約の内容を任意に決定できる自由、④**方式の自由**＝契約を締結する際の方式を任意に決定できる自由、という4原則に分けられます。

これら4原則のうち、実務での登場頻度が高いといえるのは、内容決定の自由と方式の自由であり、特に、その限界や例外を理解して意識することが重要となります（I ⊡〈2〉、I ⊡〈4〉参照）。

改正民法ひとくちメモ

契約自由の原則は確立した不文の法理として認められてきましたが、改正民法では、この原則が明文化されています（改正民法521、522②）。

---

3 「契約」と「契約書」の違い

上記1で述べたように、「契約」とは端的に言えば合意であり、その合意の内容を書面等に書き表したものが「契約書」ということになります。

このように、理論的には**「契約」≠「契約書」**であり、こうした区別は実務上も軽視すべきではありません（I ⊡〈4〉参照）。

〈2〉 契約の効力　〜契約の定めは万能なのか〜

視 点

　企業の担当者等が契約の内容を検討するに際して、「〜という約定を設けたいところだが、はたして法的に有効なのか」「〜という規制を課しておきたいが、法的に許容されるのか」という類の悩みを抱くことは珍しくないと思われます。

　そこで、本項では、**契約自由の原則（内容決定の自由）とその限界**について、実務上必要と思われる範囲で解説します。

1　内容決定の自由

　契約自由の原則の代表的な構成要素として、**内容決定の自由**があります（Ⅰ①〈1〉参照）。この原則を貫徹した場合は、「契約当事者の合意さえあれば、契約にどのような定めを設けても法的効力を妨げられることはない」という帰結になります。

　しかしながら、**内容決定の自由**といえども無制限に認められるものではなく、限界が存在しますので、後記2〜3では、そうした限界の具体例をいくつか示します。

改正民法ひとくちメモ

　改正民法521条2項は、「契約の当事者は、法令の制限内において、契約の内容を自由に決定することができる。」と定め、**内容決定の自由**とその限界を明文化しています。

2   限界の具体例その1   〜公序良俗〜

(1)   改正前民法90条は、「公の秩序又は善良の風俗に反する事項を目的とする法律行為は、無効とする。」と定めています。同条の「法律行為」の代表格が契約であるため、**「公の秩序又は善良の風俗」＝公序良俗**に反する契約（の条項）は法的効力が認められないことになります。

改正民法ひとくちメモ

改正民法90条は、「公の秩序又は善良の風俗に反する法律行為は、無効とする。」と定め、改正前民法90条にある「事項を目的とする」との文言が削除されていますが、これによって実務上のルールに変化が生じるものではありません。

---

(2)   **公序良俗**は非常に抽象的、かつ、多様な概念であるため、いかなる契約（の条項）が公序良俗に反するかという点について、事前（裁判所の判断が下される前）に判断することは極めて困難ですが、実務上は、少なくとも次の点にセンサーを働かせておくべきであるといえます。

ア   **他者の無思慮・窮迫に乗じて不当な利益を得る行為（暴利行為）**

例えば、外形的・類型的に見て法的能力が明らかに劣る相手や窮状に陥っている相手との間で、自社側にとって著しく有利な内容の契約を締結すると、公序良俗違反のリスクが高まるといえます。

イ   **競業行為等に対する過度の制限**

雇用契約、業務委託契約、販売店契約などに際しては、相手方

（被用者、受託者、販売店など）の競業行為等を強度に制限したいという欲求に駆られる場面が少なくないと思われますが、こうした欲求に忠実な契約条項を設けると、公序良俗違反との法的評価を受けるおそれがあります。

　強力な内容の競業禁止等条項を設けた結果、その条項自体が無効とされてしまうよりは、競業禁止等の強度が多少弱かったとしても、その条項が生き残ったほうが格段に有利であるため、あまり欲張らないのが賢明であるといえます。

　なお、競業行為等に対する過度の制限は、**営業の自由**や**職業選択の自由**の侵害という観点から、次の「憲法の規定の趣旨に反する行為」の一環として整理することも可能です。

ウ　憲法の規定の趣旨に反する行為

　憲法の規定は、私法（民法等）の規定を通して間接的に私人間に適用されるという考え方が一般的であり（間接適用説）、こうした間接適用に際して主役となるツールが「公序良俗」です。

　したがって、憲法が保障する権利（例：法の下の平等、苦役からの自由、思想・良心の自由、表現の自由、検閲の禁止、通信の秘密、居住・移転の自由、職業選択の自由、営業の自由）を不当に侵害するような契約（の条項）は、公序良俗違反として無効とされるリスクがあります。

3　限界の具体例その2　〜強行規定〜

（1）法令の規定のうち公の秩序に関する規定を**強行規定**（あるいは**強行法規**）といいます。

　こうした強行規定は、当事者の意思に左右されずに適用されるため、強行規定に反する内容の契約（の条項）は無効とならざるを得

ません。

(2)　**強行規定**に該当するものは多数存在しますが、以下では、強行規
定であることが明確で、かつ、実務で登場する頻度が高いと思われ
るものを3つ例示します。

　ア　借地借家法3条〜9条及び26条〜30条

　　　借地権の存続期間等や建物賃貸借契約の更新等に関する借地借
　　家法の諸規定に反する特約で借地権者ないし建物賃借人に不利な
　　ものは無効とされます。

　イ　労働基準法13条

　　　労働基準法の基準に達しない労働条件を定める労働契約（雇用
　　契約）は、その部分（当該労働条件を定めている部分）が無効と
　　なり、代わりに労働基準法の基準が適用されることになります。

　ウ　消費者契約法8条〜10条

　　　消費者契約（消費者と事業者との間で締結される契約）では、
　　事業者の損害賠償責任を全部免除する条項などは無効とされま
　　す。

　　　消費者契約法において、**「消費者」**とは、個人（※事業として又
　　は事業のために契約の当事者となる場合におけるものを除きます。）
　　を意味し、**「事業者」**とは、法人その他の団体及び事業として又
　　は事業のために契約の当事者となる場合における個人を意味する
　　ため、企業等が個人と契約を締結する際は注意が必要です。

〈3〉 契約の拘束範囲　〜契約は誰を縛るのか〜

視 点

　企業には多くの利害関係者（例：役員、従業員、関連会社）が存在するため、企業が当事者となる契約においては、契約の拘束範囲を十分に意識しておく必要があります。

　そこで、本項では、**契約による義務が誰に及ぶのか**という点を実務上の見地から解説します。

1　原 則 論

　契約とは、**【複数の当事者が合意によって相互間に権利・義務を発生させる行為】**であるといえます（Ⅰ1〈1〉参照）。

　このように、契約の本質は**合意**であるため、**合意をした者＝契約当事者**だけが契約上の義務を負担するのが原則です。

　この原則は非常に強固であり、例外の余地は極めて小さいため、<u>契約によって拘束したい者は可能な限り契約の当事者に加える</u>という思考でスキームを検討するのが適切です。

2　例 外 論

　例えば、X社とY社との契約において、Y社がX社に対して競業避止義務を負担している場合に、Y社のA取締役が、Y社の競業避止義務を潜脱すべく、B社を新たに設立して競業を行ったとします（後記イメージ図参照）。

　この場合、A取締役やB社は契約当事者ではないため、X社が、Y社・A取締役・B社の債務不履行責任（契約違反の責任）を追及することは法的に厳しいといわざるを得ません（A取締役・B社とY社を同視する法律構成を組み立てるのは至難の業です。）。

　しかしながら、X社としては、少なくともA取締役に対しては不法行為責任を追及できる可能性があると考えられ、こうした意味においては、上記1の原則論も絶対的とまではいえないことになります。

　ただし、A取締役に対する不法行為責任追及のハードルも決して低くはないため、X社としては、契約の潜脱を抑止するには別途工夫が必要となります（II ④ 〈11〉参照）。

＜イメージ図＞

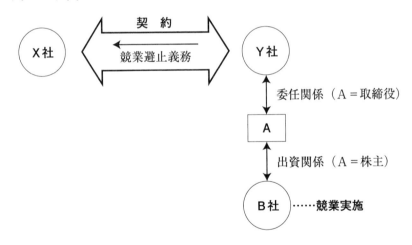

3 備　考

　契約の本質である**合意**に関与していない者が契約の拘束を受ける（ように見える）ものの、敢えて上記1の例外として論ずる必要はないと思われるケース（例）として、次の2つを挙げることができます。

(1) 代表者の退任

　株式会社その他の法人が、代表取締役その他の代表者の意思表示によって契約を締結した（当該代表者の記名・押印による契約書を取り交わした）後で当該代表者が退任したとしても、当然ながら、当該契約の拘束力に一切変化はありません。

(2) 包括承継（相続、合併等）

　契約当事者に相続（個人の場合）や吸収合併等（法人の場合）が生じると、法定の効果として、当該契約上の権利・義務が、相続人や存続法人等に包括的に承継されるのが原則です。

　ただし、委任契約は当事者の死亡によって終了するなど、一部例外もあります。

〈4〉 契約の成立 ～契約はどのようにして成立するのか～

┌─ 視 点 ┐

　契約実務に携わる際には、契約が成立する仕組みを理解し、契約の成否を判断できるようにしておくことが非常に重要であるといえます。

　そこで、本項では、**契約がどのようにして成立するのか**という点について概説します。

1 契約成立の共通要件

　契約が成立するためには、少なくとも、契約内容（例：特定の中古自動車を代金50万円で売買すること）に関する当事者間での**合意＝意思表示の合致**が必要です。

　改正前民法は、こうした**意思表示の合致**の典型として「申込み」と「承諾」の合致を想定し、詳細な規定を置いていますが（改正前民法521〜528）、それ以外の形態による契約の成立を否定する趣旨ではないと考えられます。

　実務の交渉過程では、通常、「申込み」と「承諾」に該当する行為・場面をいちいち特定する必要はなく、<u>当事者間において契約内容に関する意思表示の合致が認められるか</u>という観点から考察すれば足ります。

改正民法ひとくちメモ

　改正民法522条1項は、「契約は、契約の内容を示してその締結を申し入れる意思表示（以下「申込み」という。）に対して相手方が承諾をしたときに成立する。」と定めていますが、改正前民法下での契約成立の要件に変更をきたすものではありません。

2　契約書作成の要否

(1)　原　　則

　契約自由の原則の構成要素として、**方式の自由**＝契約を締結する際の方式を任意に決定できる自由があります（Ⅰ①〈1〉参照）。これによれば、契約の成立には契約書の作成等は必要ないということになります。

　方式の自由は大半の契約に妥当し、例えば、売買契約、賃貸借契約、業務委託契約などにおいて、契約書の作成は契約の成立要件ではありません。

　※もちろん、契約の成立要件ではないからといって、契約書の作成が実務上不要ということにはなりません。

改正民法ひとくちメモ

　改正民法522条2項は、「契約の成立には、法令に特別の定めがある場合を除き、書面の作成その他の方式を具備することを要しない。」と定め、**方式の自由**を明文化しています。

(2) 例外（代表例）

　方式の自由については、法令によって例外（改正民法522条2項にいう「法令に特別の定め」）が複数設けられています。

　この点に関し、実務での代表例として、下記の3類型を挙げておきます（下記**ウ**の贈与契約は、**方式の自由**の例外というわけではありませんが、事業承継等の場面における重要性に鑑みて、ここで言及します。）。

ア　保証契約

　改正前民法446条2項は、「保証契約は、<u>書面でしなければ、その効力を生じない。</u>」と定めています。

　なお、改正前民法446条3項の規定により、電磁的記録も書面と同等に扱われます。

改正民法ひとくちメモ

　上記の改正前民法446条2項〜3項の規定内容は、改正民法でもそのまま維持されています（改正民法446②③）。

イ　定期建物賃貸借契約

　借地借家法38条1項は、「期間の定めがある建物の賃貸借をする場合においては、<u>公正証書による等書面によって契約をするときに限り</u>、第30条の規定にかかわらず、契約の更新がないこととする旨を定めることができる。」と定めています。

　ただし、同条項の「書面によって契約」は、あくまでも、定期建物賃貸借契約が成立するための要件であり、この要件を欠いた場合でも契約全体が無効となるわけではなく、普通建物賃貸借契約としての成立が認められます。

ウ　贈与契約（参考）

　贈与契約は、契約書等の書面の作成がなくても有効に成立します（改正前民法549）。

　ただし、改正前民法550条は、「<u>書面によらない贈与は、各当事者が撤回することができる。ただし、履行の終わった部分については、この限りでない。</u>」と定め、契約書等の書面の作成なしに成立した贈与の法的拘束力を緩和しています。

改正民法ひとくちメモ

　改正民法においても、書面によらない贈与の法的拘束力の緩和という点は維持されていますが、各当事者のとり得る手段が、「撤回」から「解除」に改められています（改正民法550）。

〈5〉 契約書の位置づけ
～契約の成立時期をコントロールする～

視 点

　契約の大半（例：売買契約、賃貸借契約、業務委託契約）には**方式の自由＝契約を締結する際の方式を任意に決定できる自由**が妥当し、契約書の取り交わしは契約の成立要件ではありません（Ⅰ①〈4〉参照）。

　しかし、当事者間における**合意＝意思表示の合致**のみで契約が成立するという理屈を貫いた場合は、契約の成否や内容等が不明確になりやすいため、紛争発生のリスクが高くなってしまいます。

　そこで、本項では、**契約書の取り交わしと契約の成立をリンクさせる運用**について解説します。

---

1 見積書等による明示

　契約締結交渉の過程では、契約書の取り交わしの手続に先立って、見積書等（一方当事者が他方当事者に対して契約条件を提示する書面等）が交付されることが多いと思われます。

　こうした見積書等の備考欄などに、例えば、「本見積の内容による契約の成立には、別途、契約書の取り交わしを要するものとする」という趣旨の文言を明記しておけば、契約書の取り交わしがない段階で契約が成立した旨の主張（例：見積書に対して「OK」の返答をした時点で、既に契約が成立している旨の主張）を封じることが可能になります。

2　電子メール等による明示

　特に企業間の契約締結交渉では、電子メール等の手段（文字によるコミュニケーション）によって連絡を取り合うことが多いと思われます。

　そうしたプロセスの初期段階で、例えば、「契約の成立には契約書の取り交わしを要する」「契約書の取り交わしによって契約を成立させる」「契約書の取り交わしが完了するまで契約は成立しない」という趣旨のことを明示しておけば、契約書の取り交わしがない段階で契約が成立した旨の主張（例：2か月前の面談時に契約が成立したにもかかわらず、その後に業務の提供がなされていないため、債務不履行に陥っている旨の主張）を封じることが可能になります。

　特に、相手方に、契約締結を既定路線としたかのような挙動（例：開発費用等の先行支出）が見られる場合は要注意であるため、厳重に釘を刺しておく必要があります。

3　先行着手の回避

　実務では、契約書の取り交わしが完了する前の履行着手（例：業務の提供の開始、対価の一部支払い）という事態も見受けられますが、こうしたケースでは、契約書の取り交わし＝契約成立という法的解釈が困難になってしまいます。

　また、契約書によって契約条件等を確定させる前の着手がリスキーであることは言うまでもありません。

　したがって、契約書の取り交わしが完了する前の履行着手は回避すべきであり、万一、どうしても回避できない事情がある場合は、せめて、契約条件の重要部分（例：業務の内容・期間等、対価の金額・支払条件等）については、文字に残る形（覚書等の契約書に準ずる書面が適切で

すが、最悪の場合は電子メール等）で事前に合意しておくべきです。

〈6〉 契約不成立時の責任論
〜交渉は自由に破棄できるのか〜

視 点

　契約自由の原則の一環として、**契約締結の自由**＝契約を締結するか否かを任意に決定できる自由があるため（Ⅰ①〈1〉参照）、いったん契約締結交渉に入ったとしても、契約の締結を義務付けられることはないのが原則です。

　しかし、例えば、契約締結交渉の過程で、相手方に契約締結への合理的な期待・信頼を抱かせるような振る舞いをし、その結果、相手方が、契約の締結を前提に費用の先行支出等を行ったにもかかわらず、その交渉を一方的に破棄して契約締結に至らなかった場合等は、**相手方に対して損害賠償責任を負担することになる法的リスク**があります。

　本項では、上記のような法的リスクについて、実務で必要と思われる範囲で、基本的な事項を解説します。

1　損害賠償責任の根拠となる法理

　契約準備段階における信義則上の注意義務に違反した交渉当事者は、それによって相手方が被った実損害（信頼利益）の賠償責任を負うという趣旨の法理が判例によって認められています（昭和59年9月18日最高裁第三小法廷判決、平成19年2月27日最高裁第三小法廷判決など参照）。

　この法理は、**契約締結上の過失**という法理論の枠組みで論じられることもあり、その射程は、契約締結交渉が不当に破棄されたケース以外に

も及び得ますが、ここでは立ち入りません。

2　特に注意を要するケース

　上記1の損害賠償責任は、相手方に実損が発生していることを前提とするものです。したがって、契約締結交渉の段階で相手方に費用の先行支出その他の経済的負担が生じるケースが特に要注意ということになります。

　このような経済的負担としては、例えば次のようなものを想定することができます。

＜経済的負担の例＞

●建物の売買契約を前提に売主側が先行支出する改修・改装等の費用

●土地の売買契約を前提に売主側が先行支出する測量・土壌調査等の費用

●建物補修工事の請負契約を前提に請負業者側が先行支出する調査等の費用

●機器の継続的売買契約を前提に売主側が先行支出する研究・開発等の費用

●ソフトウェアのライセンス契約を前提にライセンサー側が先行支出する研究・開発等の費用

●商業ビルの建替に係るコンサルティング契約を前提にコンサル業者側が先行支出する測量・設計・マーケティング等の費用

3　損害賠償請求の回避

　上記１の損害賠償責任追及のオフェンス側にとっては、**契約締結の自由**が高い壁として立ちはだかり、契約準備段階における信義則上の注意義務違反を根拠とする損害賠償請求を裁判所に認めてもらうことは決して容易ではありません。

　したがって、ディフェンス側の敗訴リスクが類型的に高いとはいえませんが、たとえ最終的に勝訴することができたとしても、対応に要した費用・時間・手間等は取り戻せないことからすると、法的紛争そのものがリスクであると捉えるべきであり、「契約締結交渉の相手方から損害賠償請求を受けるような原因を作らない」という姿勢で臨むことが、リスク管理上、極めて重要です。

　こうした観点から、契約締結交渉に際して、次のような点に注意する必要があります。

⑴　契約の締結を前向きに検討する意向がない場合は、即時かつ明確に断ること

　こちらとしては単なる「営業」を受けているだけのつもりでも、相手方のほうでは契約締結に向けた強い期待・信頼を抱いている可能性があります。

　こうした認識の齟齬は非常に危険ですので、契約の締結を前向きに検討する意向がない場合は、相手方に対し、その旨を即時かつ明確に伝えることが重要です。

　それとは逆に、例えば、リップサービスで別プランについて尋ねる、相手方に気を遣って何度も面談の求めに応じる、などの振る舞いに出ることは、法的には「百害あって一利なし」といえます。

(2) 契約締結の意向が固まっていない段階で相手方にオーダーをしないこと

相手方に対して、契約締結を前提とした準備行為等（例：事前調査、研究・開発への着手、人員の確保等）を求めることは、相手方の期待・信頼を惹起させる行為の代表例であるといえます。

したがって、こうしたオーダーは、契約締結の意向が固まっていない段階（契約締結が確定していない段階）では決して行うべきではありません。

(3) 相手方に勇み足が見られる場合には即時に釘を刺すこと

こちらは契約締結の意向が未だ固まっていないにもかかわらず、相手方が先走って費用のかかる準備行為等に着手する様子を見せた場合、「相手方が勝手にやることだから」という気持ちで静観・放置するのは、リスク管理の観点からは不適切であるといわざるを得ません。

こうした場合には、心情的には抵抗があるかもしれませんが、例えば、「現段階では、当社が契約の締結に至るか否かは未定」「貴社が先行して準備行為等をされたとしても、その費用を当社が負担することはできない」という趣旨のことを、電子メール等で即時に伝えて釘を刺しておく必要があります。

〈7〉 意思能力　〜高齢化社会での重要概念〜

視　点

　自然人（個人）が契約を締結する際には、**意思能力**を有していることが必要であり、それを欠いている場合は、当該契約は問答無用で無効となってしまいます。

　現在、我が国では、高齢化に伴う認知症の増加等が社会問題になってきており、契約法務における**意思能力**の重要性は今後ますます増大していくと思われます。

　そこで、本項では、**意思能力**について実務で押さえておくべきポイントを概説します。

1　意思能力の意義

　「意思能力」の定義には様々な表現があり得ますが、実務上は、**【契約その他の法律行為の内容や結果について理解・判断することのできる精神能力】**と理解しておけば足りると思います。

2　意思能力が認められない場合の帰結

　改正前民法には意思能力に関する明文の規定は存在しませんが、意思能力が法律行為の有効要件であり、それを欠く状態でなされた法律行為は無効であることは、解釈上、古くから確立されている法理です。

改正民法ひとくちメモ

　改正民法３条の２は、「法律行為の当事者が意思表示をした時に**意思能力**を有しなかったときは、その法律行為は、無効とする。」と定め、上記の法理を明文化しています。

3　意思能力が問題となる場面

　中小企業の法律実務において、意思能力が問題となる場面として圧倒的に多いのは、次に例示するように、契約当事者になろうとしている自然人（個人）が認知症を発症している（ことが疑われる）ケースであると思われます。

＜認知症ケース例＞

●仲介業者を通じて不動産購入の商談中だが、オーナー側の窓口を務めているのはその長男であり、オーナー本人は施設に入所していて、認知症がかなり進行している模様である。

●自社の事業承継として、既に引退している先代社長から現社長への株式譲渡等を進めたいが、先代社長は、最近、医療機関で認知症との診断を受けて、投薬治療を開始している。

4　法律実務における対応

(1)　意思能力の捉え方

　契約締結時の意思能力の有無については、契約内容等を考慮するこ

となく一律に判断するという考え方もありますが、法律実務上は、契約内容等（例：対象となる財産の種類・規模・経済的価値、当事者の法的地位に及ぼす影響、スキームの難易度）を考慮して個別に判断するという考え方が主流であると思われます。

　後者の考え方によれば、同一人物について、例えば、10万円の骨董品を購入する際に必要な意思能力と1億円の不動産を購入する際に必要な意思能力は異なり得ることになります。

(2)　認知症の確認

　巷間では、認知症と聞いた瞬間に意思能力を諦めるケースも散見されますが、ひとくちに認知症といっても、そのタイプや進行度等によって意思能力への影響は異なります。

　契約の締結に際して、認知症の有無・程度等を確認する場合には、周囲の人間の素人判断ではなく、医師（できれば認知症の専門医）の診断を受けるのが適切です。

(3)　契約の無効を回避するための方策（例）

　上記(2)の確認の結果、意思能力ありと判断して契約締結に進む場合でも、事後に、関係者から、意思能力の欠如を理由とする契約無効の主張が呈される事態に備えて、防御策を講じておくことが適切です。

　こうした防御策としては、例えば次のようなものが考えられます。

　ア　公正証書による契約（Ⅱ1〈7〉参照）

　　公証人は、当然ながら老年精神医学等の専門家ではないため、公正証書によって契約を締結したからといって、認知症を発症していないことや、認知症が軽度に止まっていること等が担保されるわけではありません。

　　しかしながら、公正証書による契約については、無効事由・取

消事由の不存在（意思能力の存在等）が事実上推定されるといっても過言ではないのが実情であることから（Ⅱ①〈7〉参照）、かなり有効な防御策になると考えられます。

イ 医師の意見書

認知症がそれなりに進行しているケースや、事後に紛争が生じる可能性が高いケース等では、上記アの措置に加えて、受診した医師（できれば認知症の専門医）から、意思能力を肯定する趣旨の意見書を取得しておくことが考えられます。

上記(1)で述べた意思能力の捉え方を前提にすると、この意見書の結論部分は、単に「意思能力が認められる」という内容ではなく、当該案件の契約書（案）を別紙として綴じ込む形式にした上で、「別紙○○○契約書（案）による契約の締結に耐える精神能力が維持されていると認められる」等の内容になっているのが効果的であるといえます。

上記アの措置に加えて、このような意見書を取得しておくことができれば、意思能力の欠如による無効リスクを相当低減させることが可能になります。

〈8〉 債権法改正の経過措置
～新法と旧法の使分けに注意する～

視　点

　周知のとおり、いわゆる「債権法改正」としての民法の一部を改正する法律（平成29年法律第44号）が、ごく一部の例外を除き、2020年4月1日から施行されます。

　債権法改正自体は本書のテーマではありませんが、その**経過措置**は、契約法務にとって非常に重要であるにもかかわらず、専門家以外の方には分かりにくいと思われますので、本項で簡潔に取り上げておきます。

　なお、債権法改正自体の内容については、法務省のホームページ上の資料や専門の書籍等をご参照ください。

1　附則による経過措置の定め

　民法の一部を改正する法律（平成29年法律第44号）には、計37条にも及ぶ**附則**（以下「改正民法附則」といいます。）が設けられており、その大半が**経過措置**に費やされています。

　債権法改正への対応に際しては、こうした**経過措置**の内容を十分に確認し、改正前民法の適用領域と改正民法の適用領域をしっかりと見極めていくことが重要となります。

　「2020年4月1日以降は改正民法の解釈・適用だけを考えればよい」というわけではありませんので、十分な注意が必要です。

2　契約関連の規定に係る経過措置の概要

　改正民法附則34条 1 項の規定によれば、**贈与・売買・消費貸借・使用貸借・賃貸借・雇用・請負・委任・寄託・組合**の各契約に関する改正民法の規定は、2020年 4 月 1 日以降に締結された契約及びそれに付随する特約に対して適用され、同日より前に締結された契約及びそれに付随する特約に対しては、依然として改正前民法の規定が適用されることになります。

　また、**契約総論の規定（同時履行の抗弁、危険負担、契約の解除等）**についても、上記と同様、契約締結日が2020年 4 月 1 日以降であれば改正民法の規定、同日より前であれば改正前民法の規定がそれぞれ適用されます（改正民法附則30①、32）。

3　2020年 4 月 1 日以降の契約更新

　改正民法附則34条の規定ぶりからは、2020年 4 月 1 日より前に締結された契約が同日以降に更新されたケースでは、同条 2 項～ 3 項の場合を除いて、改正前民法の規定が適用されるとの解釈が素直であるようにも思えます。

　しかしながら、立案担当者の解釈によると、上記の更新が当事者の意思に基づかないもの（例：借地借家法上の**法定更新**）でない限り改正民法が適用され、この理は、いわゆる**自動更新**（例：契約期間満了日の 1 か月前までに当事者のいずれからも不更新の通知がなされなかった場合は、従前と同一の条件で契約が更新される旨の契約条項に基づく更新）の場合にも当てはまるとのことです（筒井健夫・村松秀樹編著『一問一答民法（債権関係）改正』（商事法務）383～384頁）。

　こうした解釈は、改正民法附則34条の規定ぶりに照らすと若干の違和

感がなくはありませんが、立案担当者のオーソリティは絶大であるた
め、今後、これと異なる解釈の判例が出るなどの特段の事情がない限
り、実務での準則になると考えられます。

＜経過措置のイメージ＞

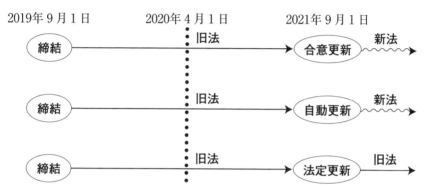

2 中小企業法務で頻出の契約

〈1〉 業務委託契約【その1】 ～特徴と守備範囲等～

> ### 視点
>
> 業務委託契約は、多様な形態で実務上頻繁に登場する契約類型であり、特に中小企業にとっては、契約法務の主役といっても過言ではない存在です。
>
> この業務委託契約について、まず、本項では、その**特徴や守備範囲等**を概説します。

1 法的性質

民法上、「業務委託」という用語は存在しませんが、一般に、「業務委託」は、法律行為でない事務（例：ビルの管理業務、経営コンサルティング業務、M＆Aアドバイザリー業務）の委託を本旨としますので、**準委任**（改正前民法656、改正民法656）に該当すると考えられます。

2 特 徴

上記1で述べた法的性質を前提にすると、業務委託契約の最大の特徴として、受託者に課される義務が、**結果債務（結果を実現すべき義務）**ではなく、**手段債務（結果の実現に向けて合理的な注意・努力を尽くすべき義務）**であるという点を挙げることができます。

　したがって、業務委託契約（※後記の請負型は除きます。）では、<u>仮に委託者の期待どおりの結果に至らなかったとしても、その一事をもって受託者の債務不履行となるわけではありません</u>。

　このような手段債務性は、業務委託契約の受託者にとって非常に重要な意味を持ちますので、受託者の立場で契約書(案)の作成やチェックに当たる際には、かかる原則に沿った内容になっているか（結果債務になっていないか）を十分に確認する必要があります。

3　守備範囲

(1)　レギュラーな守備範囲

　「法律行為でない事務の委託」（改正前民法656、改正民法656）を本旨とする契約であれば、その名称の如何にかかわらず、業務委託（準委任）契約に該当するといえます。

　名称中に「業務委託」「準委任」が入っていない業務委託契約の例として、次のようなものを挙げることができます。

- 各種のコンサルティング契約
- 各種のアドバイザリー契約
- 各種の研究開発契約
- 各種の顧問契約
- 各種のサポート契約
- 各種の支援契約

(2)　イレギュラーな守備範囲

　実務上、「業務委託契約」と銘打たれている契約の中には、<u>請負型（受託者が結果債務を課されていると解釈できる契約）</u>が少なからず混入していることに注意が必要です。

　このタイプの契約は、法的に紛らわしく、適切とはいえませんので、受託者が結果債務を負担する契約にしたい場合には、「請負」等の文言を堂々と明記したほうがよいと思います。

4　脱法的利用

　業務委託契約は、既述のとおり、契約法務の主役といっても過言ではないほどポピュラーな契約類型であるため、実務上濫用されがちですが、濫用を超えて脱法的に利用されることもあります。

　その代表例が、労働者派遣の脱法スキームとしての利用であり、実質は労働者派遣（A社と雇用関係にあるスタッフが、A社・B社間の契約に基づき、B社の事業所でB社の指揮命令を受けながら労働する形態）であるにもかかわらず、「業務委託契約」の名の下に、労働者派遣法を無視した運用がなされているケースが存在します。

　こうした実態を踏まえ、例えば、受託者の従業員が委託者の事業所等に滞在して業務に当たるタイプの業務委託契約では、あらぬ疑いを招かないように、形式（契約書の記載等）においても実質（現場での運用等）においても、委託者と受託者従業員との間に指揮命令関係を存在させないように注意する必要があります。

〈2〉 業務委託契約【その2】 ～受託者の生命線～

┌─ 視 点 ┐

　前項の「〈1〉業務委託契約【その1】」で述べたとおり、業務委託契約の受託者に課される債務は手段債務であり、その業務内容は、非定型的・非固定的で、専門性・裁量性が高いことが多いといえます。

　こうした業務委託契約の特徴を踏まえ、本項では、**受託者にとって生命線ともいえる契約条項**について解説します。

1 業務特定の決定的重要性

　業務委託契約の受託者にとっての生命線は、端的にいえば、**受託業務の特定**です。

　業務委託契約の契約書において、受託業務の範囲・内容等を明確に特定することが出来ていれば、受託者にとっての法的リスク制御措置の過半が達成されているといっても過言ではありません。

2 条 項 例

(1) 業務の特定を意識していない例

　実務では、次の条項例と同種・類似の条項が珍しくありませんが、このように、「デューデリジェンス」「アドバイザリー」といった抽象的概念に依拠し、受託業務の範囲・内容等の具体化を怠っていると、受託者の義務・責任が曖昧で過大になってしまうおそれが強く、受託者は、ビジネス上も法律上も非常に不利な立場に置かれることになり

ます。

<条項例>

＊本条項例では、「本件業務」が受託業務に該当します。

第1条（定義）

(1) 本件M＆Aプラン

　　＜省略＞

(2) 本件業務

　　次の①から④までの業務の総称を意味する。

① 本件M＆Aプランに関する事業<u>デューデリジェンス</u>

② 本件M＆Aプランに関する財務<u>デューデリジェンス</u>

③ 本件M＆Aプランに関する税務<u>デューデリジェンス</u>

④ 上記の各業務に付随または関連する<u>アドバイザリー業務</u>

＜以下省略＞

---

(2) 業務の特定を意識している例

　上記(1)と同じ業務について、その範囲・内容等の具体化に努めたのが次の条項例です。

　受託業務の性質上、抽象的な要素を完全に払拭することはできませんが、上記(1)とは歴然とした差があります。

　なお、この条項例のように、受託業務の非定型性・非固定性・専門性・裁量性が極めて高度な場合は、他の応用的なリスク制御措置（Ⅱ④〈7〉〈8〉〈9〉参照）も同時に検討するのが適切です。

＜条項例＞

＊本条項例では、「本件業務」が受託業務に該当します。

第1条（定義）

(1)　本件対象法人

　　＜省略＞

(2)　本件M＆Aプラン

　　＜省略＞

(3)　本件DD資料

　　本件対象法人に関する別表記載の資料の総称を意味する。

(4)　本件財務諸表

　　本件DD資料のうち、○年○月期から○年○月期までの貸借対照表、損益計算書、○○○○及び○○○○を意味する。

(5)　本件業務

　　本件M＆Aプランの実行の可否を検討するために通常必要な範囲、かつ、本件DD資料から通常把握することのできる範囲において、本件対象法人に関する次の①から⑦までの事項を確認・評価（※その確認・評価の基準時は○年○月○○日とする。）した上で、その結果を甲に対して書面又は当該書面のPDFファイル（※その書式等は乙が任意に定める。）により報告する業務を意味する。

①本件財務諸表の内容の適正性

②財務上のリスク

③税務上のリスク

④現状における事業の機能性（戦略、施設基準、顧客層）及び収益性（収益構造、費用構造）

⑤上記④を踏まえた補正収益力

⑥甲の事業とのシナジー効果又はカニバリゼーションの可能性

⑦将来（※「将来」のスパンの設定等は乙の合理的裁量による。）に
　おいて獲得が予想される収益性（収益構造、費用構造）

<以下省略>

3 契約書のドラフトに際しての注意点

　上記2(2)で示した条項例（業務の特定を意識している例）を一見する
だけでも分かるとおり、受託業務の特定は、個々の案件において個別
的・具体的に行う必要があり、既存の書式・雛形の流用等とは対極にあ
る作業といえます。

　契約書というと、すぐに「書式」「雛形」に飛びつく向きもあります
が、少なくとも、非定型的・非固定的で専門性・裁量性が高い業務を対
象とする業務委託契約書のドラフトに際しては、既存の書式・雛形に依
存する姿勢は適切ではありません。

〈3〉 業務委託契約【その3】 ～応用的なリスク制御～

┌─ 視 点 ─────────────────────────

　前項の「〈2〉業務委託契約【その2】」で述べたとおり、業務委託
契約の受託者にとっての生命線は、受託業務の特定です。

　ただし、それによって、受託者の法的リスク制御が常に十分である
とはいえず、受託業務の非定型性・非固定性・専門性・裁量性が極め
て高度な場合等には、更に応用的な措置を検討することが必要となり
ます。

　そこで、本項では、こうした**応用的な措置**について概説します。

└──────────────────────────────

1　逆サイドからの業務特定

　前項の「〈2〉業務委託契約【その2】」で述べたのは、受託者が実施
する業務の明記ですが、それに加えて、受託者が実施しない業務（委託
者が受託者による実施を期待しそうだが、受託者としては行うつもりの
ない業務）を明記するという方法があり得ます。

　この方法を示す条項例は次のとおりです。

<条項例①>

┌──────────────────────────────

第○条（業務委託）

1．甲は、乙に対し、本件業務〔筆者注：第1条で定義〕を委託し、乙は
　同業務を受託する。

2．甲と乙は、次に掲げる業務は本件業務に一切含まれないことを相互に

　確認する。

(1)　○○○○

(2)　○○○○

(3)　○○○○

(4)　その他前各号に準ずる業務

＜条項例②＞

第1条（定義）

(1)　＜省略＞

(2)　本件業務

　　次の①から④までの業務（いずれも、○○○○に関する業務は一切含まない。）の総称を意味する。

①　○○○○（○○○○は除く。）

②　○○○○

③　○○○○

④　○○○○（○○○○は除く。）

＜以下省略＞

2　当事者の責任範囲等の明記

　契約当事者の責任範囲、特に、委託者側の自己責任によって処理すべき領域を契約書中に明記しておくことで、受託者による過大な義務・責任の負担を回避しようというものです。

　具体的な内容については、「Ⅱ④〈9〉当事者の責任範囲等の明記」を

ご参照ください。

3　リスクや不利益要素等の明記

　委託者にとってのリスクや不利益要素等を契約書中に明記しておくことで、委託者のリスクテイキングを明確にし、当該リスクや不利益要素等が現実化した場合の委託者から受託者に対する責任追及を防ごうというものです。

　具体的な内容については、「Ⅱ④〈8〉リスクや不利益要素等の事前説明」をご参照ください。

〈4〉 継続的取引契約　～基本契約・個別契約の二層構造～

視 点

　企業間で同種の取引を反復継続していく場合、個々の取引ごとに通常の方式（契約書の作成・取り交わし）で契約を締結するのは手続的負担が大きいうえ、効率も良くありません。

　そこで、このような継続的取引を行う際には、まず、全ての取引に共通する根本ルールを括り出した契約（以下「**基本契約**」といいます。）を通常の方式で締結し、それを前提に、個々の取引については簡易な方式（例：注文書と注文請書のやり取り）で契約（以下「**個別契約**」といいます。）を締結していくことが合理的であるといえ、このような方法は実務でよく用いられています。

　本項では、上記のように**基本契約・個別契約の二層構造**をとる継続的取引契約について、基本的なポイントを解説します。

1　二層構造のイメージ

　基本契約・個別契約の二層構造のイメージは次のとおりです。

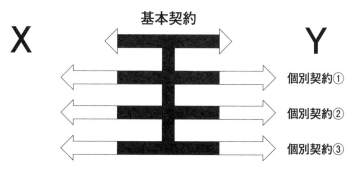

2　継続的取引契約の例

　実務でよく見受けられる継続的取引契約の例としては、次のようなものを挙げることができます。

(1)　継続的売買契約

　乙（買主）が、甲（売主）から、製品・原材料・部品などを反復継続して購入する契約です。

(2)　販売店契約

　甲乙間の継続的売買契約の一種ですが、甲（売主）が、販売能力のある乙（買主）を通じて、甲の製品の販路を確保・拡充することを主目的とした契約であり、乙から第三者への転売が前提となります。

　甲乙間の取引は名実ともに売買ですが、甲と乙は、甲の製品の販売（市場での流通）に関するビジネスパートナーであり、甲乙間には一定の拘束関係が存在していることが多いといえます。

　※実務上、販売店契約と同種の位置づけをされがちな契約類型として、代理店契約がありますが、本来の代理店契約は、甲が乙に対して販売の代理権を付与するものであり、甲乙間での売買は発生しませんので、その法的性質は大きく異なります。

(3)　継続的業務委託契約

　甲（委託者）が、乙（受託者）に対し、同種の業務を反復継続して委託する契約です。

　基本契約・個別契約の二層構造がとられるのは、乙の業務上の裁量の範囲が狭く、乙が甲に対して従属的な立場にあるケースが多いのではないかと思われます（例えば、コンサル系の契約や士業の委任契約

など、受託側に広範な裁量が認められる契約では、基本契約・個別契約の二層構造は馴染みません。）。

3　基本契約の中核条項

　基本契約は、全ての取引に共通する根本ルールを括り出したものであり、その規定内容は多岐にわたりますが（例：取引の法的性質の確認、検収の方法、対価の金額・支払条件、秘密保持、表明保証、解除、損害賠償、合意管轄）、次に示すような条項（二層構造を明示する条項）が基本契約の中核条項であるといえます。

＜条項例＞

第〇条（個別契約）

1. 乙が甲から本製品を購入する際は、甲乙間において個別に売買契約（以下「個別契約」という。）を締結する。

2. 個別契約は、乙が甲に対して注文書（その様式は別紙１－１のとおりとする。）のPDFファイルを電子メールで送信し、甲が乙に対して注文請書（その様式は別紙１－２のとおりとする。）のPDFファイルを電子メールで返信することによって成立する。

3. 全ての個別契約は、本契約の適用を受けるものとする。ただし、個別契約について書面による別段の合意を行うことを妨げない。

　この条項例のように、基本契約においては、その下層に個別契約が存在すること、及び、基本契約が個別契約の通則であることを明示する必要があります。

　なお、臨機応変の対応を可能とすべく、個別契約について、基本契約

の規定内容とは異なる特約や特則等を設ける余地を残しておくのが通常
であり、その際は、上記の条項例のように、「書面による」等の限定
（特約や特則等の方法の限定）を付すのが適切です。

　そうすることなく、単に、「本契約の規定と個別契約の規定が矛盾す
る場合は、個別契約の規定が優先する」などと定めている条項も実務上
見受けられますが、これでは、口頭での合意等によって基本契約の規定
が骨抜きにされてしまうリスクがあります。

〈5〉 株式譲渡契約　〜M＆Aスキームとしての留意点〜

視 点

　株式譲渡は、中小企業のM＆Aの最も基本的なスキームといっても過言ではないと思われます（「会社を買った」「会社を売った」等の表現は、株式の譲渡を指しているのが通常です。）。

　株式譲渡は、吸収合併、吸収分割、事業譲渡等に比して内容が格段にシンプルであることから、取扱いが容易であるように見えるかもしれませんが、法的リスクの程度はそれらに勝るとも劣らないため、実用に際しては、その性質を十分に理解しておくことが必要です。

　そこで、本項では、**M＆Aスキームとして株式譲渡契約を締結する際の留意事項**につき、会社法上の観点を中心に概説します。

1　株式譲渡の意義

　株式の**「譲渡」**は会社法に由来する表現であり、民法上の**「売買」****「贈与」**の双方を含んでいます。

　M＆Aスキームとして株式譲渡契約が用いられる場合は、当然ながら、民法上の「売買」を意味しているのが通常です。

2　株式譲渡の効果

　株式譲渡が実行されると、当該株式に係る株主の地位そのものが包括的に移転される（株主が入れ替わる）ことになりますが、その点を除き、法人たる会社の契約上の地位、債権、債務、所有権、係争当事者の

地位その他の法律関係には一切変動が生じません。

　中小企業のM＆Aとして株式譲渡が行われる場合は、発行済株式の過半数〜全部を譲渡対象とするのが通常ですが、これは、会社という「器」には何も変更を加えず、その「器」の支配権のみを移転することを意味します（下記イメージ図参照）。

＜株式譲渡のイメージ＞

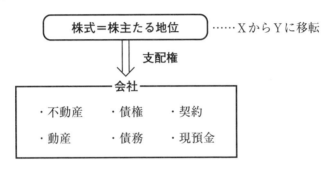

3　会社法上の主要チェックポイント

(1)　株主の特定

　特に設立から長期間経過している中小企業においては、過去の株主の相続に伴う処理が適切になされていない、過去に不適法な株式移転の手続がなされている、過去の株式の移転が株主名簿に反映されていない、そもそも株主名簿が作成されていないなどの事情により、現在の株主を正確に特定できないケースがあります。

　株式譲渡契約の締結に際して、特に譲受人側では、まず、譲渡人の株主の地位が法的に盤石であるかを確認・検討する必要があります。

(2) 株券の有無

　会社法の下では、株券不発行会社が原則的形態ではあるものの、株券発行会社も現に存在しています。

　株券不発行会社と株券発行会社のどちらであるかによって、株式譲渡の態様が大きく異なってきますし（会社法128条1項本文は、「株券発行会社の株式の譲渡は、当該株式に係る**株券を交付**しなければ、その効力を生じない」としています。）、株券発行会社であるにもかかわらず現実の株券発行は未実施というケースもありますので、株式譲渡契約の締結に際して、特に譲受人側では、これらの点を十分に確認する必要があります。

(3) 譲渡制限の有無・内容

　特に中小企業の場合は、株式の譲渡制限が設けられていることが非常に多いところ、こうした譲渡制限株式を対象とする株式譲渡契約については、会社法・定款の所定の手続を忠実に履践する必要があります。

(4) 株主名簿の名義書換

　株主名簿は、株主の特定（上記(1)参照）に際しての有力な根拠資料であるとともに、その名義書換が株式譲渡の**会社への対抗要件**となり、さらに、株券不発行会社の場合には、その名義書換が**会社以外の第三者への対抗要件**にもなる（会社法130）という点で、極めて重要な役割を有しています。

　株式譲渡契約（特に、株券不発行会社の株式を対象とする株式譲渡契約）の締結に際して、特に譲受人側では、法的に有効な株主名簿の名義書換を必須の事項として準備する必要があります。

⑸　子会社株式の譲渡

　株式譲渡契約の譲渡人が株式会社、譲渡対象がその子会社株式とい
うケースでは、譲渡人において株主総会の特別決議による承認が必要
となる場合があること（会社法467①二の二）に注意が必要です。

〈6〉 株式贈与契約　～事業承継スキームとしての留意点～

視 点

　株式の贈与は、中小企業における事業承継の最も基本的なスキームといっても過言ではなく、特に親族間の事業承継でよく用いられていると思われます。

　このように、中小企業の事業承継スキームとして株式贈与が用いられる場合は、税務面（贈与税課税の有無・程度等）ばかりに注意が向きがちですが、法務面を疎かにしていると、事業承継自体の効果が根底から否定されてしまうような重大な事態に陥りかねません。

　そこで、本項では、法的な観点から、**事業承継スキームとして株式贈与契約を締結する際の留意事項**について概説します。

1　株式贈与の意義

　株式の贈与は、当然、民法上の「贈与」に該当しますが、会社法上は株式譲渡の一種という位置づけになります。

2　株式贈与の効果

　前項の「〈5〉株式譲渡契約」で述べた内容が同様に妥当します。

3　会社法上の主要チェックポイント

　前項の「〈5〉株式譲渡契約」で述べた内容が同様に妥当します。

4 民法上の観点からの留意事項

(1) 意思能力

　中小企業における事業承継として株式贈与を行う場合には、贈与者が高齢に至っていることが多く、その中には、認知症の発症等が疑われるケースも少なくないと思われます。

　こうしたケースでは、贈与者の意思能力を確認し、場合によっては、それを証明するための措置を検討する必要があります（Ⅰ①〈7〉参照）。

　特に、贈与対象の株式の財産的価値が大きい場合は、贈与者の意思能力が厳しく問われるという前提で臨んだほうがよいといえます。

(2) 契約書の形式

　改正前民法550条は、「書面によらない贈与は、各当事者が撤回することができる。ただし、履行の終わった部分については、この限りでない。」と定めて、契約書等の作成なしで成立した贈与契約の法的拘束力を緩和しており、この点は、改正民法550条でも維持されています（ただし、同条は、各当事者のとり得る手段を「撤回」から「解除」に改めています。）。

　したがって、株式贈与契約を締結する際には、契約書の取り交わしが必須となるのは当然ですが、法的紛争の予防等の観点からは、その契約書を**公正証書**で作成するのが適切です。この点、特に税理士の方が関与されるケースでは、贈与契約書について公証役場で確定日付をとることがよくあると思いますが、法的見地からは、それ（当該契約書が後付けでないことの証明）だけでは不足であると言わざるを得ません。

　贈与契約書そのものを公正証書で作成することによって、契約書の

成立の真正（偽造等でないこと）、意思能力の存在、公序良俗違反ではないこと、錯誤・詐欺・強迫等の不存在などが相当に担保されることになりますので（Ⅱ①〈7〉参照）、特に事業承継としての贈与契約においては、この方法を強くお勧めします。

(3)　契約書の内容

　税務上の見地から作成される贈与契約書の内容は、贈与の事実（当事者、年月日、対象物等）を証することを目的としたシンプルなものであることが通常だと思いますが、法的紛争の予防等の観点からは、次のような条項も検討すべきであるといえます。

ア　贈与の趣旨・目的等を明示する条項（Ⅱ④〈6〉参照）

　　上記(2)で述べた贈与契約書の公正証書化に加えて、次の条項例のように同契約書の中で贈与の趣旨・目的等をきちんと明示しておけば、意思無能力、公序良俗違反、錯誤、詐欺、強迫などの法的クレームを封じる効果がかなりあります。

＜条項例＞

第○条（付記事項）

　○○家の家業である○○○株式会社の事業を今後も存続・発展させていくために、甲は、同社における自らの後継者として期待・信頼し、かつ、日常生活においても世話になっている乙に同社の経営権を承継すべく、本件株式の贈与に及ぶものである。

イ　持戻免除の意思表示を明示する条項

　　例えば親子間の贈与である場合は、贈与者（親）の相続におい

て、当該贈与分が受贈者(子)の特別受益（遺産の前渡し）に該当すると他の相続人から主張されることが大いにあり得、そうなった場合には、円滑な事業承継が妨げられるおそれがあります。

　そこで、予め、贈与契約書において、次の条項例のように持戻免除の意思表示を明示しておくという方策が考えられます。

＜条項例＞

第〇条（持戻免除）

　甲は、甲の遺産分割において、本契約による本件株式の受贈が乙の特別受益に該当する場合は、本件株式の遺産への持戻しを全部免除する。

〈7〉　事業譲渡契約　〜M＆Aスキームとしての留意点〜

視　点

　中小企業のM＆Aスキームとしては、株式譲渡と並んで事業譲渡がよく用いられているのではないかと思われます。

　事業譲渡は、吸収合併や吸収分割と比べると、簡易でとっつきやすいイメージがあるかもしれませんが、それらとは別の意味で難易度が高いスキームといえ、実用に際しては、その法的性質をよく理解しておくことが必要です。

　そこで、本項では、**事業譲渡契約をM＆Aスキームとして用いる際の留意事項**につき、効果論（法律関係移転の個別性）の観点を中心に概説します。

1　事業譲渡の意義

　「事業譲渡」とは、一般に、一定の事業目的のために組織化され、有機的一体として機能する財産の譲渡を意味する概念であり、単なる事業用財産等の譲渡に止まらず、譲渡会社の製造・販売等に係るノウハウ等の承継が必要となります（江頭憲治郎『株式会社法』（第7版）有斐閣　959頁参照）。

　後記2のとおり、「事業譲渡」に該当するか否かで会社法上の取扱いが異なってきますが、上記のように、「事業譲渡」の概念自体が非常に抽象的であるため、実務上、その該当性の判断が困難であることも珍しくありません。

2　事業譲渡の効果

　事業譲渡契約が締結されると、譲渡人は、譲受人に対し、当該契約で定めた譲渡対象を構成する<u>個々の法律関係（契約上の地位、債権、債務など）を移転</u>する義務を負うことになります。

　すなわち、事業譲渡契約そのものによって「事業譲渡」の効果が生じるわけではなく、「事業譲渡」を完遂するためには、同契約とは別に、上記のような<u>個々の法律関係の移転に必要な法律行為（契約上の地位の移転に関する合意、債権譲渡、債務引受など）</u>が必要となります。

　このように、事業譲渡とは、会社という「器」の中身から、<u>当事者間の契約によって任意に特定・選択した法律関係（契約上の地位、債権、債務など）を個別的に移転</u>していくスキームであると捉えることができます（下記イメージ図参照）。

＜事業譲渡のイメージ＞

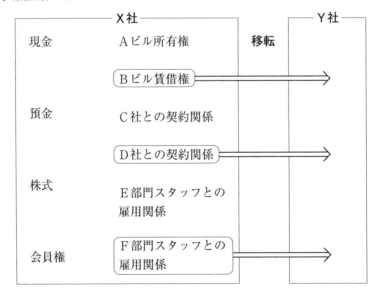

3　M＆Aスキームとしての長所・短所（他スキームとの比較）

　上記2の点に鑑みると、吸収合併や吸収分割と比べた場合の主な長所・短所として、次のような点を挙げることができます。

(1)　**主な長所**

- スキーム設計の自由度が高い。
- 想定外の債務承継のリスクが低い。
- 法定手続の負担が軽い。

(2)　**主な短所**

- 契約関係の移転には、原則として各相手方との合意が必要。
- 債務の移転には、各債権者の同意が必要。
- 事業に必要な契約や財産等の移転漏れのリスク。

4　会社法上の主要チェックポイント

(1)　譲渡会社側

　譲渡対象が事業の全部又は重要な一部である場合には、原則として、株主総会の特別決議による承認が必要となります（会社法467①一、二）。

(2)　譲受会社側

　譲受対象が他の会社の事業の全部である場合には、原則として、株主総会の特別決議による承認が必要となります（会社法467①三）。

〈8〉 建物賃貸借契約　〜借地借家法ルールの重要性〜

┌─ **視　点** ─────────────────────────┐

　事業活動の中で建物賃貸借契約を締結している中小企業は非常に多いですが、定型的な契約というイメージが強いためか、一般に、法的リスクはあまり意識されていないように思われます。

　しかし、建物賃貸借契約を締結する際は、賃貸人の立場であれ、賃借人の立場であれ、借地借家法の特別かつ強力なルールを理解しておかないと、取り返しのつかない痛手を被るおそれがあります。

　そこで、本項では、**建物賃貸借契約の締結に際して必ず知っておくべき借地借家法の重要ルール**を紹介します。

└─────────────────────────────────┘

1　借地借家法の適用範囲（※ここでは土地関係は除きます。）

　借地借家法は、「**建物**」の「**賃貸借**」でありさえすれば、契約当事者の属性（例：法人か自然人か、事業者か非事業者か）や契約の目的（例：居住用か事業用か）等を問わず一律に適用されます（借地借家法1）。

　この適用の有無は実態に基づいて判断されるため、例えば、契約書のタイトルを「会員契約」「利用契約」等にしてみたり、契約書に「借地借家法の適用の排除に合意する」「借地借家法第1条の『建物の賃貸借』に該当しないことを相互に確認する」等の条項を入れてみても、実態が「建物」の「賃貸借」である場合は、適用を免れることはできません。

2 建物賃貸借契約に関する重要ルール

(1) 法定更新

ア 概　要

　　実務上、建物賃貸借契約には期間の定めがある（＝賃貸借期間が○年○月○日から○年○月○日までと明記されている）のが通常だと思いますが、この場合には、**法定更新**のルールを十分に理解しておく必要があります。

　　このルールの概要（※全容ではありません。）は次のとおりです（借地借家法26①、27①、28、30、38）。

① 　契約当事者が、賃貸借期間の満了の<u>1年前から6か月前まで</u><u>の間</u>に、相手方に対して「更新をしない旨の通知」又は「条件を変更しなければ更新をしない旨の通知」をしなかったときは、従前の契約と同一の条件で契約を更新したものとみなす。

② 　賃貸人が上記①の「更新をしない旨の通知」又は「条件を変更しなければ更新をしない旨の通知」をするためには、**「正当の事由」**が必要となる。

　　→**「正当の事由」**の有無は、「建物の賃貸人及び賃借人（転借人を含む。）が建物の使用を必要とする事情」を中心に、「建物の賃貸借に関する従前の経過」「建物の利用状況及び建物の現況」「建物の賃貸人が建物の明渡しの条件として又は建物の明渡しと引換えに建物の賃借人に対して財産上の給付をする旨の申出をした場合におけるその申出」を総合的に考慮して判断される。

③ 　上記①の「契約を更新したものとみなす」場合は、<u>賃貸借期間の定めのない</u>契約となる。

④ 　上記③の賃貸借期間の定めのない契約について、賃貸人が解

　　約の申入れをするためには、「**正当の事由**」が必要となる。

　⑤　以上のルールに反する特約で賃借人に不利なものは無効とされる。ただし、**定期建物賃貸借**契約についてはこの限りでない。

イ　**賃貸人にとっての留意点**

　　定期建物賃貸借契約の場合を除いては、どう頑張っても上記**ア**のルールから逃れる術はないため、最初から同ルールの存在を前提とした契約書を作成しておくべきです。例えば、更新拒絶等のタイムリミットを賃貸借期間満了日の３か月前とするような条項は、法定のタイムリミット（６か月前）を徒過してしまうリスクを高めるものであり、賃貸人にとって非常に有害であるといえます。

　　なお、賃借人に不利ではない特約は許容されるため、例えば、契約上の自動更新後の賃貸借期間を、当初の賃貸借期間と同じく「３年間」と定めることなどは可能です。

ウ　**賃借人にとっての留意点**

　　定期建物賃貸借契約の場合を除いては、契約書の記載内容にかかわらず、上記**ア**のルールによる保護を受けられるため、賃貸人の要求等に唯々諾々と従う必要はありません。

　　例えば、賃貸人から、「更新するつもりはないので、現在の賃貸借期間が終わったら退去してほしい」「賃料の20％アップを飲んでくれなければ更新はできない」等の要求を受けた場合でも、上記**ア**のルールの存在を前提に交渉することが重要です。

(2)　**賃料増減額請求権**

ア　**概　　要**

　　実務上、賃料の改定は、契約の更新期に両当事者の合意に基づ

いて実施されることが多いと思われますが、借地借家法により、賃貸人・賃借人の双方に賃料増減額請求権が付与されていることに留意しておく必要があります。

　この賃料増減額請求権の概要（※全容ではありません。）は次のとおりです（借地借家法32、38）。

① 　建物の賃料が、「土地若しくは建物に対する租税その他の負担の増減により」or「土地若しくは建物の価格の上昇若しくは低下その他の経済事情の変動により」or「近傍同種の建物の借賃に比較して」**不相当**となったときは、契約の条件にかかわらず、当事者は、将来に向かって建物の**賃料額の増減を請求**することができる。

　　→かかる請求に相手方が任意に応じない場合は、民事調停を申し立て（調停前置）、それでも合意が成立しない場合は、民事訴訟で決着をつけることになる。

② 　一定の期間、建物の賃料を**増額しない旨の特約**がある場合には、その定めに従う。

　　→これとは逆の**減額しない旨の特約**は、定期建物賃貸借契約のケース以外では効力が認められない。

③ 　**定期建物賃貸借**契約においては、当事者間の特約によって賃料増減額請求権を排除できる。

イ　賃貸人にとっての留意点

　賃料増額請求権は、賃貸人にとって、借地借家法ルールの下での希少な武器の一つであるため、大切にする必要があります。

　したがって、定期建物賃貸借契約のケース以外では、余程の特殊事情がない限り、賃料**不増額特約**を設けることは控えるべきであるといえます。

　なお、上記のとおり、定期建物賃貸借契約のケース以外では、

賃料**不減額特約**には効力が認められないため、設けても無駄です。

ウ 賃借人にとっての留意点

賃貸借期間の途中であっても賃貸人から賃料増額請求がなされる可能性があることや、更新拒絶などに関する法的紛争の中で賃貸人から賃料増額請求がなされる可能性があること等に留意しておく必要があります。

こうした賃料増額請求オプションを予め封じるためには、契約の中に賃料**不増額特約**を設けておく必要があります。

(3) 定期建物賃貸借

ア 概　要

借地借家法では、「**定期建物賃貸借**」という建物賃貸借契約の特別方式が認められており、この方式を適正にとった場合は、契約の**更新（法定更新を含みます。）が一切ない**ことになります。

この定期建物賃貸借の概要（※全容ではありません。）は次のとおりです（借地借家法38）。

① 賃貸借期間（始期と終期）を明確に定める必要がある。

② 書面（※公正証書に限られない。）によって契約する必要がある。

③ 契約締結前に、賃貸人から賃借人に対し、「契約の更新がなく、期間の満了により賃貸借は終了する」旨を記載した書面を交付して説明する必要がある。

④ 更新（法定更新を含む。）は一切ない。

→賃貸借を継続するには**再契約**しかない。

⑤ 賃貸借期間に関する制限（借地借家法29①）はなく、**1年未満の賃貸借も可能**。

⑥　賃料増減額請求権を特約によって排除することができる。

イ　賃貸人にとっての留意点

　定期建物賃貸借契約においては、賃貸人は、借地借家法の特別ルール（賃貸人にとって不利なルール）から逃れることができます。

　したがって、建物の賃貸に際しては、事情の許す限り、定期建物賃貸借契約を検討するのが合理的ですが、その契約内容や締結手続等は厳格な規制に服し（上記ア①②③参照）、少しでもミスをすると定期建物賃貸借契約の成立は認められないため、厳重なチェックが必要ですし、契約締結後も、「更新は一切ない」という根本原則と矛盾するような挙動は禁物です。

ウ　賃借人にとっての留意点

　不動産賃貸借のプロを除けば、**定期**建物賃貸借契約と**普通**建物賃貸借契約の法的な違いを正確に理解している中小企業は少ないのではないかと思われます。

　定期建物賃貸借契約の場合は、いくら賃借人としての義務を完璧に履行していたとしても、契約の更新は絶対になく、賃貸借を継続するためには再契約をしてもらうしかありません。

　この再契約に応じるか否かや、応じる場合にいかなる条件を付けるかは賃貸人の自由ですから、賃貸人としては、賃借人から再契約を求められた場合に、例えば、「絶対に再契約はしない」「賃料の倍増に応じなければ再契約はしない」などの対応をしても問題なく、こういったケースで賃借人が有効に対抗し得る法的手段はありません（再契約については、借地借家法による賃借人の保護はありません。）。

　したがって、定期建物賃貸借契約を締結した賃借人が入居に際して巨額の内装設備費等を投じていた場合、当初の契約期間満了

時に何らの補償等を受けることなく退去しなければならないという事態も十分にあり得ます。

　このように、**定期**建物賃貸借契約は、**普通**建物賃貸借契約とは明らかに異なる契約ですので、建物の賃借をする際は、その契約内容が「定期建物賃貸借」になっていないかをチェックすることが不可欠であり、それを怠った場合は、取り返しのつかない損害を被るおそれがあります。

　実務上、中小企業の経営者クラスの方でも、定期建物賃貸借契約＝期間の定めのある普通建物賃貸借契約との誤解をしていることが珍しくありませんので、最大限の注意が必要です。

〈9〉 保証契約 ～基本的な仕組みと要注意の新ルール～

視 点

　保証契約は、中小企業法務の現場でも頻繁に登場する契約類型ですが、必ずしも、その法的な仕組みが正確に理解されているとは限りません。

　また、保証契約については、改正民法において非常に重要な改正がなされており、十分な注意が必要です。

　そこで、本項では、**保証契約の基本的な仕組みと改正民法の新ルール**について、中小企業の契約実務における必要性という観点を優先しつつ、ポイントを概説します。

※保証契約の要式性については、「Ⅰ①〈4〉契約の成立」を参照してください。

1 基本構造

　「保証」を巡る法律関係の登場人物は、「債権者」「主債務者」「保証人」の3種類であり、主債務者が債権者に対して負担する債務を**「主債務」**、保証人が債権者に対して負担する債務を**「保証債務」**といいます（後記のイメージ図参照）。

　そして、「保証」とは、保証人と債権者の間で締結される契約（＝保証契約）を意味します（後記のイメージ図参照）。

　※民法上の用語は、「主債務者」→「主たる債務者」、「主債務」→「主たる債務」となっています。

＜保証のイメージ＞

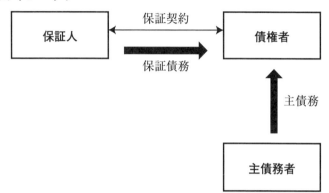

2 分類上の主な観点

(1) 主債務者との連帯の有無

　連帯保証契約ではない普通の保証契約の場合、保証人は、債権者から請求を受けたとしても、「主債務者は破産や夜逃げ等をしてないのだから、まずは主債務者に催告してくれ」という主張（催告の抗弁）をすることができ、さらに、「主債務者は執行が容易な財産を持っているのだから、まずは主債務者の財産に強制執行をかけてくれ」という主張（検索の抗弁）をすることができます。

　他方、連帯保証契約、すなわち、<u>保証人が主債務者と連帯して債務を負担</u>することを内容とする保証契約の場合には、保証人は、上記の「催告の抗弁」「検索の抗弁」は一切主張できません。

　その結果、連帯保証契約の保証人は、主債務者とほぼ同様の立場に置かれますので、普通の保証契約の保証人と比べて、債権者にとっての担保価値が格段に高いということになります。

　実務においては、通常、「保証」といえば連帯保証契約であり、そうではない保証契約はほとんど存在しないのではないかと思われま

す。

(2) 主債務の特定の有無

連帯保証か否かを問わず、保証契約では、その締結時に<u>主債務の範囲・内容等が特定されている</u>のが原則的形態であるといえます（例：住宅ローンにおける保証、単発的売買における保証）。

他方、連帯保証か否かを問わず、保証契約の締結時には<u>主債務の範囲・内容等が特定されていない</u>形態もあり、このタイプの保証を**「根保証」**と呼びます（例：建物賃貸借における保証、継続的売買における保証）。

なお、実務上、契約書等に「根保証」との文言が明記されているとは限らない（むしろ明記されていないのが通常と思われる）ことに留意する必要があります。

3　改正民法の新ルール

(1) はじめに

保証契約に関する見直しは、改正民法の目玉の一つと言ってもよく、例えば、法務省民事局が「重要な実質改正事項」として挙げる5項目の一角を占めています。

本書のテーマは改正民法の解説ではないため、ここで詳細に立ち入ることはしませんが、以下、中小企業の契約実務において、中小企業側の視点から見た場合に最も重要と思われる点を取り上げます。

(2) 中小企業側の視点

保証契約の見直しに関する改正民法の内容は、保証人の保護をメインとするものであるため、契約実務に際して神経を尖らせる必要があ

るのは、主として、債権者側＝保証人の擁立を求める側≒保証契約書
(案)の作成等を担う側ということになります。

　こうした見地から改正民法の内容を見た場合、中小企業にとって最
も重要なのは、根保証に関する改正事項（下記(3)）であると思われま
す。

(3)　根保証に関する重要改正事項

ア　極度額の義務付け

　例えば、自社の所有建物等の賃貸や、自社の製品・サービス等
の継続的供給等の取引関係（＝主債務に「貸金等債務」が含まれ
ない取引関係）に関する根保証契約について、改正前民法下で
は、**極度額（保証の上限額）**を定める義務はありませんでした。

　しかし、改正民法下では、**保証人が法人でない**根保証契約の場
合は、主債務に「貸金等債務」が含まれるか否かを問わず、一律
に、**極度額**を定めることが義務づけられます（改正民法465の
2）。

　その結果、改正民法下においては、「丙は、本契約に関して生
じる乙の甲に対する一切の債務を乙と連帯して負担する」等の規
定は、丙が法人でない限り不可となります。

イ　特別事情による根保証の打ち切り（主債務の元本確定）

　例えば、自社の所有建物等の賃貸や、自社の製品・サービス等
の継続的供給等の取引関係（＝主債務に「貸金等債務」が含まれ
ない取引関係）における根保証契約につき、改正前民法下では、
主債務者が死亡した場合でも、原則として根保証契約はそのまま
存続し、保証人は、主債務者の相続人の債務についても保証を免
れませんでした。

　しかし、改正民法下では、**保証人が法人でない**根保証契約の場

合は、主債務に「貸金等債務」が含まれるか否かを問わず、一律
に、主債務者の死亡等の事情が打ち切り（主債務の元本確定）の
事由となり、その結果、保証人が主債務者の相続人の債務につい
ても保証を強いられるようなことはなくなります（改正民法465の
4。ただし、主債務に「貸金等債務」が含まれるケースに比して、打
ち切りの事由は少なく定められています。）。

　したがって、改正民法下では、債権者側としては、保証人が法
人でない限り、根保証の打ち切り（主債務の元本確定）という事
態（例：賃借人の死亡によって以後の保証人がいなくなる事態）
を想定しておくことが必要になります。

Ⅱ

契約書の活用

1 契約書に関する基本知識

〈1〉 契約書の意義 ～「契約書」＝「契約」ではない～

┌─ 視 点 ─┐

　実務では、**契約書**＝**契約**という感覚が強いのではないかと思います。

　そのような感覚を前提に契約業務に取り組むこと自体は誤りではありませんが、理論的には**契約書**と**契約**は別の概念であることを理解しておかないと、思わぬ落とし穴に嵌ってしまうこともあり得ます。

　そこで、本項では、**契約書**の意義、特に**契約**との関係について概説します。

1　契約書の原則的位置づけ

　契約書とは、当事者間における**契約**成立の事実及びその**契約**の内容を記載した書面を意味します（こうした記載がなされた書面であれば、そのタイトルにかかわらず、**契約書**に該当します。）

　他方、**契約**とは当事者間の合意そのものであり、原則として意思表示の合致があれば成立します（Ⅰ①〈1〉〈4〉参照）。

　以上の点から明らかなように、**契約書**の原則的な位置づけは**契約**の**証拠**であり（Ⅱ①〈2〉参照）、**契約書**が存在しなくても**契約**の成立が肯定される可能性があることに注意が必要です。

2　契約書の例外的位置づけ

(1)　法令による例外

　一部の契約類型（例：保証契約、定期建物賃貸借契約）について
は、**書面**によって締結しなければ効力（※定期建物賃貸借契約について
は、更新排除特約の効力）が認められない旨が法令で定められていま
す（I 1〈4〉参照）。

　したがって、こうした契約類型の場合は、法令上、**契約書の取り交
わし**が**契約の成立要件**ということになり、**契約書＝契約**という関係が
成り立ち得ます。

(2)　運用による例外

　契約書の取り交わしと**契約**の成立をリンクさせる運用（I 1〈5〉参
照）がなされれば、事実上、**契約書＝契約**という関係が成り立つとい
えます。

3　電子契約について（参考）

　本項の記述は、いわゆる電子契約の方式で作成された契約書（電子デー
タ）にも概ね妥当しますが、上記2(1)の「法令による例外」について
は、電子データを「書面」と同視するのが困難な類型（例：定期建物賃
貸借契約）もあり得ることに注意が必要です。

〈2〉 契約書の役割・機能 ～なぜ契約書が必要なのか～

| 視 点 |

　契約書(案)の作成やチェック等は、形式的に漫然とこなすのではなく、**何のために契約書を取り交わすのかを十分に意識しながら行う**ことが非常に重要です。

　こうした観点から、本項では、**契約書の主要な役割・機能**と考えられるものをピックアップします。

1 契約の証拠

　契約書は、契約の存在及び内容を強力に裏付ける証拠となります。

　これが契約書の最も基本的な役割・機能であり、契約書の取り交わしに際しては、かかる「証拠」としての価値が損なわれないように十分留意する必要があります。

2 スキームの明確化

　企画書、提案書等の資料を用いながら打合せを重ねてビジネスのスキームを構築し、見積内容の合意にまで至ったような場合でも、いざ契約書(案)を作成してみると、再確認・再検討等が必要な事項が複数判明するということはよくあると思います。

　このように、ビジネスのスキームは、多くの場合、契約書という形で書き表してみることにより明確化するといえますので、できるだけ早い段階で契約書(案)を作成して当事者間の協議の俎上に載せることが重要

であるといえます。

　逆にいえば、契約書の取り交わしができていない段階で、あるいは、そもそも契約書を作成しようとすらせずに、ビジネスを実行に移すことは非常に危険です。

3 取引関係のルールブック

　取引関係（特に、継続的な取引関係）において、契約書が作成されていない場合や契約書の規定（例：業務の範囲・内容等に関する規定、リスクや役割の分担に関する規定、費用負担に関する規定、請求や支払いに関する規定）が不十分な場合には、事あるごとに当事者間での確認・調整・折衝が必要になったり、時の経過や担当者の交代等によって運用が変質あるいは曖昧化してしまう等のデメリットが生じ得ます。

　こうした観点から、契約書には、当事者間のルールブックとして機能するに足るだけの規定、すなわち、当該取引関係における両当事者のオペレーション等を個別・具体的に定めた規定を設けておくことが重要であるといえます。かかる規定は、定型的内容の契約であれば巷間に流通している書式の参照で足りることも多いですが、非定型的内容の契約の場合には自力で創作することが必要になります。

4 紛争の予防

　契約書に期待される代表的な役割・機能として、紛争の予防があります。

　この点、上記1〜3の役割・機能が十全に発揮されていれば、契約当事者間において疑義・齟齬等が生じる余地は小さくなり、その結果として紛争発生の可能性が低下することになります。

したがって、「紛争の予防」というのは、上記1〜3の役割・機能の産物であるといえます。

5　トラブル対処の武器

契約当事者間で何らかのトラブルが発生した場合、契約書に適切な危機管理規定が設けられていれば、対処に際して非常に大きな武器となります。

こうした規定の一般的・基本的な例としては、**解除**に関する条項（Ⅱ2〈7〉参照）、**損害賠償**に関する条項（Ⅱ2〈2〉参照）などがあり、個別的・応用的な例としては、**契約の経緯等**を明記した条項（Ⅱ4〈6〉参照）、**当事者の責任範囲等**を明記した条項（Ⅱ4〈9〉参照）、**リスクや不利益要素等**を明記した条項（Ⅱ4〈8〉参照）などがあります。

なお、一口に「解除条項」「損害賠償条項」などと言っても、その内容や他条項との相関性等は事案によって様々ですので、書式や雛形などから同種・類似の条項を流用しておけばよいというものではありません。

〈3〉 契約書のタイトル
～どういう観点からタイトルを付けるか～

視 点

　「契約書は内容が重要であって、そのタイトルにさしたる法的意味はない」というのが一般的な考え方だと思います。

　筆者もこのような考え方に特段の異論はありませんが、民事訴訟等で契約書の解釈がシビアに争われる場面等を想定した場合、**タイトルが解釈に何らかの影響を及ぼす可能性**は否定しきれませんし、平時を前提にした場合でも、契約書の**タイトルによって内容の読みやすさ等が変わってくる可能性**があります。

　そこで、本項では、**契約書のタイトルを付ける際の観点**について簡単に解説します。

---

1 一行に収まる文字数＋本文よりも大きなフォント

　契約書のタイトルの文字数やフォントに関する法的ルールはもちろんありませんが、読み手にとって一目瞭然となるように、文字数は一行に収め、かつ、本文よりも大きなフォントを用いるのがよいと思います。

2 契約の種類が分かる表現

　契約書のタイトルの最低限の役割は、契約の種類（例：売買、贈与、消費貸借）を伝えることであると思います。

　したがって、タイトルをどんなに簡素にする場合でも、「<u>売買</u>契約

書」「贈与契約書」「消費貸借契約書」というレベルの表現はほしいところです。

3　契約の対象が分かる表現

　上記２で述べた契約の種類に加え、契約の対象を示す文言が入っていれば、タイトルから契約内容の大枠を推知することができます。

　このことを上記２の例を用いて示すと、「不動産売買契約書」「株式贈与契約書」「金銭消費貸借契約書」といった表現になります。

　契約書のタイトルの表現としては、おそらく、このレベルがスタンダードであると思われます。

4　契約の趣旨が分かる表現

　上記３よりも多くの情報をタイトルに盛り込みたい場合には、例えば、「区分所有建物の共有持分売買契約書」「事業承継のための親子間株式贈与契約書」「留学支援のための金銭消費貸借契約書」等の表現にすることが考えられます。

　特別な事情がない限り、契約書のタイトルの表現としては、このレベルがマックスであろうと思われます。

5　留　意　点

　上記２〜４のどのレベルでいくにしても、契約書のタイトルは、契約内容に適合していることが前提であり、そこに齟齬があってはいけません。

　例えば、次に示すような齟齬は、解釈の誤り等につながるおそれもあ

り、法的に有害であるといえます。

＜タイトルと内容に齟齬がある例＞

●法的見地からは**使用許諾**と評価すべき契約について、「業務委託契約書」とする。

●法的見地からは**雇用**と評価すべき契約について、「業務委託契約書」とする。

●法的見地からは**不動産・動産の売買**と評価すべき契約について、「事業譲渡契約書」とする。

〈4〉 契約書の日付　〜いかなる点に注意すべきか〜

｜視 点｜

　契約書には日付の記入が不可欠ですが、実務では、これが蔑ろにされている（例：そもそも日付欄が設けられていない、日付欄はあるがブランクのままになっている、各当事者が勝手に別の日付を記入している、長期間のバックデイトがなされている）場面が散見されます。

　そこで本項では、**契約書の日付に関する注意点**について解説します。

1　前　　提

　本項で取り上げる「**契約書の日付**」とは、次の例示の 網掛部分 を意味しています。

＜日付の例＞

　以上の契約が成立した証として本書面を2部作成し、甲及び乙が各1部を保有する。

　　　　　　　　　　　　　　　　　　　令和○年○月○日

　【甲】　　○○○○○○○○
　　　　　　○○○○

　【乙】　　○○○○○○○○
　　　　　　○○○○

2 契約書の日付の意味

契約書の日付がそもそも何の年月日を表しているのかという点については、次の3つが考えられます。

(1) 契約書の作成日（完成日）

文書に記載されている日付は、当該文書の作成日（完成日）を意味するのが通常であり、このことは契約書の日付にも当てはまります。

例えば、民事訴訟手続の中で証拠（書証）として契約書が提出される場合、その作成年月日は、当該契約書の日付と同日とされるのが通常です。

(2) 契約の成立日（締結日）

契約書中に、契約の成立日（締結日）に関する別段の記載がない場合は、契約書の日付をもって契約成立日（締結日）と取り扱うのが通常です。

例えば、法的文書の中では、「甲乙間の○年○月○日付け不動産売買契約」といった形式で契約を特定することが多いですが、この「○年○月○日」の部分には、契約書中に別段の記載がない限り、契約書の日付と同日を入れるのが通常です。

(3) 契約の効力発生日（権利義務発生日）　※上記(2)に連動

上記(2)のように、契約書の日付＝契約成立日（締結日）と取り扱うケースにおいて、契約書中に、契約の効力発生日（権利義務発生日）に関する別段の記載がない場合は、契約書の日付＝契約成立日（締結日）をもって、契約の効力発生日（権利義務発生日）と解するのが通常です。

3　契約書の日付として適切な年月日

　上記２で述べた意味に鑑みると、契約書の日付として理論上最も適切な年月日は、契約当事者全員の記名・押印が完了した日ということになります。

4　バックデイトの可否

(1)　原　　則

　上記２で述べた意味に鑑みると、契約書のバックデイト（契約書の日付を過去の年月日に遡らせること）は、契約書の作成日（完成日）、契約の成立日（締結日）、契約の効力発生日（権利義務発生日）を遡らせようとする行為であるといえ、不正ないし不当な作為のように見えるおそれがあります。

　したがって、契約書のバックデイトは、法令等に抵触する場合（例：脱税や詐欺行為の一環として行う場合）はもちろんのこと、そうではない場合であっても、避けるべきであることは確かです。

(2)　例　　外

　【法令等に一切抵触しないこと】＋【書面での締結を要する契約類型（Ⅰ①〈4〉参照）ではないこと】を不可欠の前提条件として、①実質的な契約成立日（当事者間で契約内容に関する合意が成立した日）と②その合意内容を契約書という形で書面化した日との間に短期間のタイムラグがある場合に、②の契約書の日付を①の日に合わせることは、実務上許容され得ると考えられます。

5 バックデイトを避ける方法

契約書のバックデイトは避けつつ、契約の効力発生日を遡らせるのと同等の効果を得たい場合には、次のような方法があり得ます。

なお、当然ながら、どちらについても、**【法令等に一切抵触しないこと】**＋**【書面での締結を要する契約類型**（Ⅰ□〈4〉参照）**ではないこと】**が不可欠の前提条件となります。

(1) 遡及条項

契約書の中に、例えば、「本契約の規定は、○年○月○日以降に甲乙間で成立した個別契約の全部に適用されるものとする。」といった条項を設けることで、契約書のバックデイトを行うことなく、当該契約の規定を過去に遡って適用することが一応できます。

ただし、こうした措置を講じる際には、既に発生している事象や事実経過等と矛盾することにならないかを精査し、もし矛盾のおそれがある場合は、それに対応するための除外規定や調整規定等を検討しなければなりませんので、相応のスキルが必要になります。

(2) 「確認」形式

通常のスタイルの契約書ではなく、例えば、「○○○○（以下「甲」という。）と○○○○（以下「乙」という。）は、○年○月○日〔筆者注：過去の一定時点〕に甲乙間で次の内容の契約が成立したことを相互に確認する。」というスタイルの書面を作成すれば、当該書面の日付は実際の作成日（完成日）としつつ、そこに記載されている契約は「○年○月○日〔筆者注：過去の一定時点〕」に成立・発効している旨を明示することができます。

※当然ながら、「確認」の内容が虚偽でないことが前提です。

6　バックデイトの逆パターン

　バックデイトとは逆に、契約書の日付を将来の日とすることは、契約
当事者間において、<u>契約書の完成日や契約の成立日・効力発生日を敢え
て将来の一定時点とする旨の合意</u>をしていると解釈できますので、原則
として問題ないと考えられます。

　　※1　上記の「将来の日」が非常に先である場合は、事情変更のリスクな
　　　　どを鑑みると適切とはいえません。

　　※2　動機・目的が不法ないし不当である場合（例：既に開始されている
　　　　取引関係の隠蔽目的である場合）は当然に不可です。

〈5〉 契約書への記名・押印
～どのような方法で行うべきか～

> **視 点**
>
> 契約書には、各契約当事者の記名・押印がなされるのが通常です。
> 本項では、こうした**記名・押印の方法等**について概説します。
> なお、本項の内容は、①契約書が紙で作成されていること、②契約
> 当事者が中小企業 or 自然人（個人）であることを前提としています。

1 前　提

本項で取り上げる「契約書への記名・押印」とは、次の例示の 網掛
部分 を意味しています。

　以上の契約が成立した証として本書面を2部作成し、甲及び乙が
各1部を保有する。

令和○年○月○日

　　【甲】　　千葉県○○市○○○○○
　　　　　　　○○○○　　印

　　【乙】　　東京都○○区○○○○○
　　　　　　　○○○○株式会社
　　　　　　　代表取締役　　○○○○　　印

---

2 記名・押印の目的

　契約書への記名・押印の目的については、色々な説明の仕方があり得ますが（例：民事訴訟法領域の「二段の推定」に絡めた説明）、実務上は、当該契約書が各契約当事者の意思に基づいて作成されたこと（偽造文書ではないこと）を示すためと考えておけば足りると思います。

3 記名・押印の方法

(1) 基本的な考え方

　私人間や私企業業間において作成される契約書への記名・押印方法について法令上の規制はありませんので、各契約当事者が上記2で述べた目的に照らして判断していくことになります。

(2) 理想的な方法

　上記2で述べた目的に鑑みると、契約書への記名・押印は、契約当事者との結びつきが最も強い方法で行うのが理想的です。
　これを具体的に示すと、次のような方法になります。

＜法人＞

① 記名
　　代表者が法人の所在地・名称及び代表者の肩書・氏名を自署
② 押印
　　法人の代表印（届出印）で押印＋印鑑証明書の添付

＜自然人（個人）＞

① 記名

　本人が住所・氏名を自署

② 押印

　本人の実印（登録印）で押印＋印鑑登録証明書の添付

(3)　現実的な方法

　上記(2)の方法はかなり面倒ですし、法人の代表者の「自署」にどれだけの意味があるのかも疑問であるといえます。

　そこで、上記(2)よりは方式を緩和するが、<u>当該契約書が各契約当事者の意思に基づいて作成されたこと（偽造文書ではないこと）の証明力はほとんど落とさない方法</u>として、次のようなものがあります。

＜法人＞

① 記名

　法人の所在地・名称及び代表者の肩書・氏名を印字

② 押印

　法人の代表印（届出印）で押印＋印鑑証明書の添付

＜自然人（個人）＞

① 記名

　住所を印字＋本人が氏名を自署

　※本人の意思能力をアピールしたい場合等は住所も自署

② 押印

　本人の実印（登録印）で押印＋印鑑登録証明書の添付

⑷ **簡易な方法**

　当該契約書が各契約当事者の意思に基づいて作成されたこと（偽造文書ではないことの証明に注力する必要性が小さいケースでは、次のレベルくらいまで方式を緩和することも考えられます。

＜法人＞

① 記名

　　法人の所在地・名称及び代表者の肩書・氏名を印字

② 押印

　　法人の代表印（届出印）で押印

＜自然人（個人）＞

① 記名

　　住所を印字＋本人が氏名を自署

　　※本人の意思能力をアピールしたい場合等は住所も自署

② 押印

　　本人の認印で押印

4　参考事項

⑴ **代表印（届出印）以外での押印**

　冒頭で述べたとおり、本項は、契約当事者が中小企業又は自然人（個人）であることを前提としているため、上記3では、法人の押印は全て代表印（届出印）としています。

　ただし、大企業等の場合は、紙の契約書について、通常の押印は担当役員や部門長などの印鑑で行い、一部の重要案件に限って代表印を用いるという運用が多いのではないかと思われます。

(2)　**電子契約**

　いわゆる電子契約システムの導入の可否・程度等、あるいは、相手方から同システムによる締結要請を受けた場合の受諾の可否等を検討する際には、同システムが、<u>当該契約書が各契約当事者の意思に基づいて作成されたこと（偽造文書ではないこと）</u>の証明力をどの程度有するか（上記 3 の各方法との比較）という点も考慮要素の一つとするのがよいと思います。

〈6〉 契約書の別紙　～どのように使用するか～

┌ 視 点 ┐

　契約書の作成に際しては、**別紙**を用いることがよくあります。

　別紙は、市販の書式集等では省略されていることが多いため、専門家でない方にはイメージしにくいかもしれませんが、**別紙を活用でき**るようになると契約書作成の幅が広がるはずです。

　そこで、本項では、**契約書の別紙の活用方法等**について概説します。

1　前　　提

　本項で取り上げる「契約書の別紙」とは、契約書の最後尾（記名・押印欄よりも後）に綴じ込まれている次のようなページを意味しています。

＜別紙イメージ＞

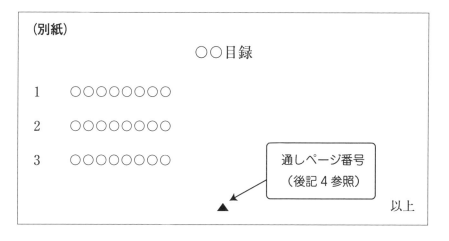

（別紙）

　　　　　　　　　　　○○目録

1　　○○○○○○○○

2　　○○○○○○○○

3　　○○○○○○○○

　　　　　　　　　　　　　　通しページ番号
　　　　　　　　　　　　　　（後記4参照）

　　　　　　　▲　　　　　　　　　　以上

2 別紙の機能

　契約書の本文に記載するにはボリュームがあり過ぎる、あるいは複雑過ぎる事項を別紙として切り出すことで、契約書の構成・内容を明快にし、契約書を読みやすくすることができます。

　別紙を用いた場合の条項は、例えば次のような書き方になります。

＜条項例①＞

第○条（独占的販売店の指定）

1．甲は、乙を、甲が○○○○から仕入れる<u>別紙「製品目録」記載</u>の医療機器（総称して以下「本製品」という。）の日本国内における独占的販売店として指定し、乙はこれを承諾する。

2．＜省略＞

＜条項例②＞

第○条（売買代金）

1．本製品の売買代金は、<u>別紙「代金一覧」に記載のとおり</u>とする。

2．＜省略＞

3　別紙の記載内容

　別紙への記載に適した事項としては、上記2の条項例のようなもの（販売店契約における対象製品の機種、品番、仕様等や、継続的売買契約における代金の一覧）のほかに、例えば次のような事項が考えられます。

＜別紙の使用例＞

> ●不動産売買契約における対象不動産の特定事項（登記情報など）
> ●建物賃貸借契約における対象区画の特定事項（平面図による図示など）
> ●業務委託契約における対象業務の特定事項（多種の業務の一覧表示など）
> ●工事請負契約における工事範囲の特定事項（施工図による図示など）

4　別紙の作成に関する注意点

　別紙は、契約書の一部ですので、必ず、契約書の本文（条項が記載されている部分）と一体にしておかなければなりません。すなわち、契約書が紙の場合は本文のページと一緒に綴じ込み、電子データの場合は本文のページと同一のファイルにしておく必要があります。

　また、一体性という観点から、いずれの方式においても、別紙の下欄（上記1のイメージ図でいうと「▲」の部分）には本文から続く通しページ番号を付すのが適切です。

　実務では、「別紙」と称しながら、契約書の本文と一体になっていないもの（例：紙の契約書において、本文のページと一緒に綴じ込まず、

添付されているだけの状態）が散見されますが、これは大きな誤りです。

5　「別表」について

　契約書には、「別紙」ではなく「別表」が用いられることもよくありますが、これは外観・形式に応じたネーミングの違いに過ぎず、その本質に相違はありません。

　したがって、「別表」にも本項の記述は当てはまります。

〈7〉 公正証書 ～強制執行以外にいかなる利点があるか～

┌─ 視 点 ─┐

　公正証書のメリットとしては、執行認諾文言による債務名義性（訴訟手続なしで強制執行ができること）が非常にポピュラーですが、その他にも、公正証書には、法的見地からより本質的な利点があります。

　そこで、本項では、**実務で意識しておくべき公正証書の利点（債務名義性以外）**について解説します。

1　公正証書・公証人の意義

　公正証書とは、公証人がその権限において作成する公文書のことです。

　また、公証人とは、元裁判官・元検察官などのベテラン法律家やそれに準ずる経験・知識を有する者を対象とした公募制の下で法務大臣から任命される公務員です。

　以上の点を含めた公証制度全般に関する知識や、各公証役場へのアクセス情報などについては、「日本公証人連合会」のホームページで確認するのが分かりやすいと思います。

2　公正証書の利点（債務名義性以外）

⑴　偽造主張の防止ないし無力化

　公正証書の末尾には、【手続に関する事項】として、「○○により、

人違いでないことを証明させた」「以上を列席者に閲覧させたところ、各自正確なことを承認し、次に署名押印する」「この証書は、○○年○月○日、○○○において作成し、本公証人が次に署名押印する」などと明記されます。

　こうした記載のある公正証書について「偽造」であると主張するのは通常困難ですし、仮に主張したとしても、何らかの特殊事情を証明できるようなケースでない限り、法的に無力であるといえます。

(2)　無効・取消主張の防止ないし無力化

　公証人は、無効事由（例：意思能力の欠如）や取消事由（例：詐欺・強迫）のある法律行為について公正証書を作成することは出来ないとされています（公証人法26）。

　そのため、公証人は、依頼者等から言われるままに公正証書を作成するのではなく、中立・公正な立場において、当該契約の内容に無効事由や取消事由がないかを審査することになります。

　こうした審査を、法務大臣から任命された元裁判官・元検察官などのベテラン法律家等である公証人が実施したうえで作成されたのが公正証書ということになりますので、そこに記載された契約内容については、無効事由や取消事由の不存在が事実上推定されるといっても過言ではありません。

　したがって、公正証書の契約内容につき無効・取消しを主張するのは通常困難ですし、仮に主張したとしても、何らかの特殊事情を証明できるようなケースでない限り、法的に無力であるといえます。

(3)　適法性の担保

　公証人は、法令に違反する事項について公正証書を作成することは出来ないとされています（公証人法26）。

　そのため、公証人は、依頼者等から言われるままに公正証書を作成するのではなく、中立・公正な立場において、当該契約の内容に法令違反がないかを審査することになります。

　こうした審査を、法務大臣から任命された元裁判官・元検察官などのベテラン法律家等である公証人が実施したうえで作成されたのが公正証書ということになりますので、そこに記載された契約内容については、適法性が事実上担保されているといっても過言ではありません。

　したがって、公正証書の契約内容について法令違反を主張するのは通常困難ですし、仮に主張したとしても、何らかの特殊事情を証明できるようなケースでない限り、法的に無力であるといえます。

3　実務における利用場面の例

　上記2の利点を踏まえ、実務において公正証書の利用を検討すべき場面としては、例えば次のようなものが考えられます。

※当然ながら、自社としては「無効事由等はない」と判断していることが大前提です。

＜公正証書利用の例＞

> ●事業承継スキームの一環として、<u>前社長（高齢）から現社長に対する株式の贈与</u>を実施する場合
> ●経営再建策の一環として、会社の大口債権者である前取締役（高齢）との間でデット・エクイティ・スワップを実施する場合
> ●事後に、関係者から、<u>公序良俗違反や強行規定違反との主張がなされるおそれ</u>のある条項を含む重要契約を締結する場合

2 契約書で頻出の条項

〈1〉 対価に関する条項　~支払側の視点と受領側の視点~

テーマ

　本項では、**各種契約の対価（例：売買代金、譲渡代金、業務委託料）に関する条項**について、支払側・受領側それぞれの視点から、条項例をもとにポイントを解説します。

視　点

　対価に関する条項は、いかなる契約においても、契約当事者双方にとって最も関心の強い条項のはずですが、実務では、**金額にばかり目がいき、支払条件等の設定が等閑になってしまっているケース**をよく見かけます。こうしたケースでは、契約当事者のいずれかが大きな法的リスクを負っていることも珍しくありません。

　契約書（案）の検討に際しては、常に、良くない展開や好ましからざる事態等を想定しておくべきですが、対価に関する条項は、このような心構えが最もよく当てはまる条項の一つであると言えます。

1　対価に関する条項の基本

　対価に関する条項では、基本的に、①**誰が誰に対し（支払者・受領**

者)、②いかなる趣旨で（支払名目)、③いくらの金員を（金額)、④いつまでに（支払期日・支払条件)、⑤いかなる方法で（支払方法)、支払うのかを明記する必要があります。

　下記2〜3で示している条項例は、いずれも、こうした基本に沿った形になっていますので、ご確認ください。

2　支払側の視点からの解説

(1)　重要ポイント

　対価の支払側にとっての最重要ポイントは、「**約束の金員を全額支払ったのに、売買対象物などの引渡しを得られない**」という事態を防ぐことです。

　この点に関し、解除条項・補償条項・損害賠償条項などによってリスクを制御しようとする発想を実務上よく見かけますが、こうした条項を実際に用いる場合の法的プロセス（民事訴訟手続や民事執行手続等）を考えた場合、その効果は乏しいと言わざるを得ません。

　支払側としては、「いったん支払った金員は簡単に取り戻せない」という厳しい前提に立って条項を検討する必要があります。

(2)　リスクの制御ができていない例（題材：事業譲渡契約）

＜条項例＞

第○条（譲渡代金）

　乙は、甲に対し、本件事業譲渡の代金として○○○円を、○年○月○日限り、甲の指定する預金口座に振り込む方法により支払う。その際の振込

手数料は乙の負担とする。

　この条項例では、譲渡代金支払いのタイミングを、単純に「○年○月○日限り」＝確定期日としてしまっているため、他の条項において何らかの法的手当てを講じていない限り、乙は、自らの「事業」承継の成否と関係なく、その確定期日までに必ず支払いをしなければならない状態に置かれることになります。特に、その確定期日が甲の義務履行完了日よりも前である場合は、乙は先払いを強いられることになり、その法的不利益は深刻であるといえます。

　このような不利益条項（契約の目的物を獲得できる確証がない段階で多額の対価を支払うことになっている契約条項）は、実務上、不動産売買契約などの定型的契約ではほとんど見受けられませんが、事業譲渡契約などの非定型的契約では頻繁に見受けられます。

(3)　リスクの制御ができている例（題材：事業譲渡契約）

＜条項例＞

第○条（譲渡代金）
　乙は、甲に対し、本件事業譲渡の代金として○○○円を、○○○○○と引き換えに、甲の指定する預金口座に振り込む方法により支払う。その際の振込手数料は乙の負担とする。

　この条項例における「○○○○○と引き換えに」の「○○○○○」には、乙が事業承継のメルクマールとする要素・条件等（例：賃借人の地位の移転に係る賃貸人の承諾書、契約上の地位の移転に係る主要取引先の承諾書）が入ります。

こうした引換条件を付けることによって、事業譲渡契約の譲受人である乙は、自らが「事業」を承継できることが確実になったといえる段階で初めて代金を支払えばよいということになります。

3 受領側の視点からの解説

(1) 重要ポイント

対価の受領側にとっての最重要ポイントは、「やるべきことはやったのに、**相手方があれこれ理屈をこねて対価の支払いに応じない**」という事態を防ぐことです。

そのためには、契約条項において、できる限り客観的・一義的な支払期限を設定しておく必要があります。

なお、相手方が、あれこれ理屈をこねるのではなく、シンプルに支払拒否をしてくるケース等では、もはや契約条項云々の問題ではなく、民事訴訟等の法的手続を検討することになります。

(2) リスクの制御ができていない例（題材：業務委託契約）

＜条項例＞

第○条（業務委託料）

甲は、乙に対し、本件業務の委託料として○○○円を、本件業務の完了後1か月以内に、乙の指定する預金口座に振り込む方法により支払う。その際の振込手数料は甲の負担とする。

この条項例では、業務委託料の支払期限の起算点を、「本件業務の完了後」という極めて抽象的な内容にしてしまっているため、甲にとって

は、支払留保等の理論武装のハードルが下がる（例：「まだ業務は完了していない」などと容易に言い張れる）ことになります。

　乙にとっては非常に不利な内容の条項であるといえますが、こうした条項は、実務上、頻繁に見受けられます。

(3)　リスクの制御ができている例（題材：業務委託契約）

＜条項例＞

> **第○条（業務委託料）**
> 　甲は、乙に対し、本件業務の委託料として○○○円を、乙による○○○○日から1か月以内に、乙の指定する預金口座に振り込む方法により支払う。その際の振込手数料は甲の負担とする。

　この条項例における「乙による○○○○日から1か月以内」の「○○○○」には、乙が業務終了のメルクマールとする行為（例：報告書の提出、申請書の提出）が入ります。

　このように、業務委託料の支払期限の起算点を、客観的・一義的で、かつ、乙のコントロール下にある事項とすることで、甲にとっては、支払留保等の理論武装のハードルが上がることになります。

〈2〉 損害賠償に関する条項 ～特約か否かを意識する～

┌ テーマ ┐

　本項では、**様々な契約類型に共通する損害賠償条項**について、条項例をもとにポイントを解説します。

┌ 視 点 ┐

　実務では、契約書の中に、損害賠償条項を何となく設けがちです。

　しかし、**損害賠償については、民法その他の法令による一般ルールが厳然と存在**しているため、かかる一般ルールとの関係を十分に意識したうえで、条項の要否・内容等を検討する必要があります。

　なお、本項でいう「民法」には、当然ながら、改正前民法及び改正民法の双方が含まれます。

1　法令による一般ルール

　損害賠償に関し、当事者間で特段の約定がなされていない場合には、**法令による一般ルール（代表例：民法上の債務不履行、不法行為）**が当然に適用されます。

　したがって、「損害賠償については一般ルールどおりでよい」というスタンスの場合は、契約書の中に損害賠償条項を設ける法的意味はないということになります。

　なお、「損害賠償については一般ルールどおりでよい」というスタン

スではあるものの、確認的な意味合いでそのルールを条項化しておきたいというニーズも実務上あり得ますが、法令による一般ルールは膨大な判例・学説等の集積によって成り立っており、その要件論・効果論を契約書の条項として正確に書き表すのは至難の業であるといえます。

2　法的意味のある条項

＜条項例＞

> **第○○条（違約金）**
>
> 　乙が第○条、第○条又は第○条の規定に違反した場合には、乙は、甲に対し、違約金として金○○円を即時に支払うものとする。

　契約当事者間において、**損害賠償の一般ルールを修正する特約**を設けたい場合には、損害賠償条項に大きな法的意味が生じます。

　そうした特約の代表例として、上記の条項例のような**違約金**の定めを挙げることができます。すなわち、違約金の定めは**賠償額の予定**であると推定され（改正前民法420③、改正民法420③）、その結果、契約違反等の際に支払われるべき**損害賠償額が予め固定**されることになります。

　なお、損害賠償の一般ルールを修正する特約の代表例としては、上記のような違約金の定めのほかに、**賠償額の上限**を画する定めがありますが、これについては項を改めます（Ⅱ②〈3〉参照）。

3　有害無益な条項

＜条項例＞

第〇〇条（損害賠償）

　甲又は乙が本契約の規定に違反した場合、相手方は、違反した当事者に対し、その違反によって被った損害の賠償を請求することができる。

　実務では、損害賠償の一般ルールを修正する特約（上記2参照）を設けるという意図はないにもかかわらず、上記の条項例のような条項が漫然と記載されていることがよくあります。

　こうした条項は、場合によっては、「無過失責任を認める特約」や「相当因果関係による限定を排除する特約」などの主張を惹起するおそれがあります。

4　確認的な条項

＜条項例＞

第〇〇条（損害賠償）

　本契約に関する損害賠償については、全て、法令の定めるところによる。

　「損害賠償については一般ルールどおりでよい」というスタンスの場合は、契約書の中に損害賠償条項を設ける法的意味はなく（上記1参照）、それを中途半端に行うことは有害無益であるといえます（上記3参照）。

　ただ、どうしても確認的な意味で条項化しておきたいという場合には、上記の条項例のようなものを一応考えることができます。

〈3〉 免責に関する条項　〜過ぎたるは猶及ばざるが如し〜

テーマ

　本項では、**業務委託契約等において役務・サービス等を提供する当事者のための免責条項（法的責任の一部ないし全部の回避を図る条項）**につき、条項例をもとにポイントを解説します。

視　点

　実務において上記のような免責条項を検討する際は、**自社の責任の極小化を狙うあまり、ついつい欲張った内容にしがち**ですが、責任免除の程度が行き過ぎてしまうと、当該条項につき意図した法的効力が認められなくなってしまうおそれがありますし、企業としての姿勢を相手方に疑われてしまう可能性もありますので、ほどほどに抑えておくことが肝要です。

1　基本的な注意点

　いくら「契約自由の原則」といっても、契約条項は万能ではなく、例えば、公序良俗違反の場合等には法的効力が否定されます（Ⅰ①〈2〉参照）。

　また、民事訴訟等の法的土俵では、「当事者の合理的意思」等の名の下に、契約書の文言を縮小的 or 限定的 or 制限的に解釈するということがよく行われます。

したがって、裁判官等の法律家の目から見て過大に映る免責条項は、その全部又は一部について法的効力が否定される可能性があることを十分認識しておく必要があります。

2 合理的範囲で限界を狙った例

＜条項例＞

＊当然ながら、法的効力が100％認められるとは限りません。

第〇〇条（損害賠償額の上限）

1. 本件業務に関し、乙が甲に対して損害賠償責任を負担する場合（その法律構成を問わない。）、乙による甲への合計賠償額は、本件報酬（消費税・地方消費税相当額を含む。）の金額を上限とする。ただし、乙に故意又は重過失がある場合の当該故意又は重過失と相当因果関係を有する損害については、この限りでない。

2. ＜省略＞

⑴ 攻めているポイント

上記の条項例では、甲から乙に対する損害賠償請求の法律構成（例：債務不履行、担保責任、契約上の特約、不法行為）や乙の甲に対する責任原因の個数等を問わず、乙から甲に対する賠償額の合計金額≦乙が受領し得る報酬額と定めています。

なお、乙の報酬が少額である場合等には、乙から甲に対する賠償額の合計金額≦（乙が受領し得る報酬額）×2などとすることも考えられます。

(2)　守っているポイント

　上記の条項例では、<u>乙の故意 or 重過失と相当因果関係を有する損害については、上限の適用外</u>として、乙に対する免責が過大にならないように一定の配慮をしています。

　なお、**消費者契約法**が適用されるケースでは、故意 or 重過失がある場合に損害賠償責任を一部でも免除する条項は無効とされます（消契法 8 ①）。

3　免責の程度が過大な例

＜条項例＞

第〇〇条（免責）

　乙は、本件業務に関して、甲に対する<u>損害賠償責任の負担を要しないもの</u>とする。ただし、乙が甲に対して<u>故意に損害を与えた場合</u>は、この限りでない。

　この条項例は、①<u>責任免除の範囲が一部ではなく全部であること</u>、②適用除外対象が「故意」による損害のみであること、の 2 点において、乙に対する免責の程度が過大であるといえます。したがって、特段の事情（想定例：中小企業である乙が、大企業である甲の懇願に応じ、乙にとってメリットのない取引に渋々応じるケース）がない限り、裁判所等が文言どおりの効力を認めてくれることは期待できないと考えるべきです。

　なお、**消費者契約法**が適用されるケースでは、損害賠償責任を全部免除する条項は無効とされます（消契法 8 ①）。

〈4〉 秘密保持に関する条項
～自社の立場を十分に考慮する～

┌ テーマ ┐

　本項では、**様々な契約類型に共通する秘密保持条項**について、条項例をもとにポイントを解説します。

┌ 視 点 ┐

　秘密保持条項は定型的なイメージが強いためか、実務上、契約書(案)の作成や確認に際して、その効果等を具体的にイメージすることなく、ありがちな文言が並んでいれば良しとしてしまう傾向が強いように思われます。

　しかし、上記の「ありがちな文言」は、情報の受領者側にとって酷(場合によっては遵守が不可能)な内容であることが多いため、秘密保持条項を検討する場合は、当該契約における**自社の立場（主として情報の提供側となるのか受領側となるのか）**を十分に考慮することが重要です。

　なお、企業間で情報をやり取りする場合は、**その秘密保持（受領企業の外部への漏洩等防止）**と併せて、**目的外使用禁止（受領企業の内部での不当利用防止）**が規定されることもよくありますが、本項ではテーマを前者に絞ります。

> ## 基本条項例

＊下線部が後記の ポイント で取り上げる箇所です。

第●条（秘密保持）

1．甲及び乙は、それぞれ、本契約の締結ないし履行の過程で知得した相手方の支配領域に属する情報（以下「秘密情報」という。）を、相手方の書面（ファクシミリを含む。）又は電子メールによる事前の同意なくして第三者に開示、提供又は漏洩してはならない。

2．次の各号に掲げる情報は、秘密情報に含まれないものとする。

　⑴　知得時に既に公知となっていた情報

　⑵　知得後に自己の責に帰すべき事由によることなく公知となった情報

　⑶　第三者から正当な手段・方法により入手した情報

　⑷　知得時に既に自己が保有していた情報

　⑸　秘密保持に値する法的利益の不存在が客観的に明白である情報

3．第1項の規定にかかわらず、甲及び乙は、それぞれ、次の各号に掲げる場合には、相手方の同意を得ることなく、秘密情報を合理的な範囲で開示・提供することができる。

　⑴　自己が依頼した弁護士、税理士その他の法令上の守秘義務を負う専門家に対して開示・提供する場合

　⑵　法令上の根拠に基づき、裁判所、捜査機関、監督官庁その他の公的機関に対して開示・提供する場合

　⑶　その他前各号に準ずる場合

4．前各項の規定は、本契約が終了（中途終了を含む。）した日から〇年間が経過する時点まで効力を有する。

5．甲及び乙は、それぞれ、秘密情報を取り扱う自己の役員及び従業員に

対して、前各項に定める義務と同等の義務を課すものとする。

ポイント

1　双務型にするか片務型にするか

　秘密保持義務を契約当事者の**双方に課す（双務型）**のか、それとも、**一方に課す（片務型）**のか、という点をまず考える必要があります。

　上記の基本条項例は、甲乙双方が秘密保持義務を負担する双務型になっていますが（第1項参照）、例えば、業務委託契約等において契約当事者間での情報の流れが双方向ではなく一方向である場合は、次に示すような片務型にすることも十分にあり得ます。

＜片務型の規定例＞

　乙は、本契約の締結ないし履行の過程で知得した甲の支配領域に属する情報（以下「秘密情報」という。）を、甲の書面（ファクシミリを含む。）又は電子メールによる事前の同意なしに、第三者に開示、提供又は漏洩しないものとする。

2　保護対象の範囲をどのように設定するか

　秘密保持条項では、**保護対象とする情報・資料等の範囲の設定**が非常に重要です。

　この点については、契約の履行過程で主として情報・資料等を渡すこ

とになる当事者としては保護対象の範囲を極力**広く**しておくのが安全であり、逆に、主として情報・資料等を**受け取る**ことになる当事者としては保護対象の範囲を極力**狭く**しておくのが無難であるということになります。

　基本条項例の第1項では、保護対象の範囲をかなり抽象的、かつ、広範に設定していますが、もっと具体的・限定的に設定したい場合は、例えば次に示すような規定にすることが考えられます。

＜具体性・限定性を意識した規定例＞

> 　甲及び乙は、それぞれ、本契約の締結ないし履行の過程で秘密である旨の表示（口頭のみによる表示は含まない。以下同じ）を伴って相手方から開示ないし提供された相手方の営業上又は技術上の情報、並びに本契約締結の事実及び本契約の内容（総称して以下「本件秘密情報」という。）を、相手方の書面（ファクシミリを含む。）又は電子メールによる事前の同意なくして第三者に開示、提供又は漏洩してはならない。

3　なぜ例外規定が必要なのか

　基本条項例の第3項は、**例外的な開示・提供を許容する旨の規定**ですが、実務上は、こうした規定を設けていない秘密保持条項もよく見受けられます。その場合でも、公的機関や弁護士等への開示・提供が契約違反との法的評価を受けるケースはそう多くないと考えられますが、形式的に契約条項に違反する状態に陥ること自体がリスクであるため、基本条項例の第3項のような例外規定を設けておくのが適切です（もちろん、例外的開示・提供の許容範囲をもっと広くすることも狭くすること

も十分にあり得ます。）。

　なお、実務上、例外的な開示・提供は許容しつつも相手方への事前通知等を要件とする規定が散見されますが、弁護士への法律相談や捜査機関への協力等の場面を想定した場合、こうした規定は非現実的であると言わざるを得ません。

4　役員・従業員への義務付けは必要か

　基本条項例の第5項は、**契約当事者の役員及び従業員に対して間接的に秘密保持義務を課すことを図る規定**であり、同種・類似の規定は実務上よく見受けられます。

　こうした規定は、法的見地からの実効性に疑問がありますし、遵守の証拠を残すためには相当な負担（例：役員・従業員からの誓約書等の徴求）が必要になるため、常に設けるべき規定と捉える必要はないと思われます。

5　複写・複製を制限する規定を設けるか

　実務における秘密保持条項の中には、**保護対象情報・資料の複写や複製等を制限する規定**を設けているものも散見されます。

　しかし、電子媒体が中心となる現代のビジネスシーンにおいて、かかる規定を実際に遵守することは極めて困難でしょうし、その実効性にも大いに疑問があると言わざるを得ませんので、純粋に法的見地から考えた場合には、必要性ないし妥当性に乏しい規定であるといえます。

　ただし、専ら開示者（情報・資料を開示・提供する当事者）側の視点に立った場合は、法的観点ではなく、事実上の観点（例：相手方への牽制・プレッシャー等）をメインにかかる規定を設けるという考え方もあ

り得ます。

6　「情報」の返還・廃棄を義務づける規定を設けるか

　実務における秘密保持条項の中には、**保護対象となる「情報」の返還や廃棄を義務づける規定（契約終了時や開示者側から要求があった際などに、受領者の元から保護対象「情報」を抹消しようとする規定）**を設けているものが多く見受けられます。

　しかし、かかる規定があると、受領者としては、自らが開示・提供を受けた情報に関する客観的立証手段を完全に奪われることになり、例えば、事後に情報漏洩等の嫌疑をかけられた場合、法的防御に重大な支障をきたすおそれがあります。

　また、「媒体」であればともかく、「情報」そのものを返還・廃棄することが真に可能なのかは大いに疑問です。

　したがって、保護対象「**情報**」の返還や廃棄を義務づける規定は、少なくとも受領者側の立場からは、原則として合理性に欠けると考えられます。

〈5〉 期間に関する条項
～「期間」の意味を具体的に考える～

テーマ

　本項では、**継続的契約（例：業務委託契約、販売店契約、ライセンス契約、取引基本契約）の期間を定める条項**について、条項例をもとにポイントを解説します。

視　点

　継続的契約では期間の定めが必要になることが非常に多いところ、その設定に際して、**契約の内容を個別に考慮することなく、「有効」「効力」「存続」といった一般的・抽象的概念を安易に用いているケース**を実務上しばしば見かけます。

　こうした手法は、当該契約における期間の概念やルール等を曖昧にするおそれもありますので、「期間」に関する条項は、個々の契約の内容に即して具体的に検討するのが適切です。

1　実務上ありがちな例

＜条項例＞

第○○条（有効期間）
1．本契約の有効期間は、○○年○月○日から○○年○月○日までの○年

間とする。

2．＜省略＞

3．本契約が、有効期間の満了又は解除等によって終了した後も、第○
　条、第○条、第○条及び第○条の規定の効力は有効に存続するものとす
　る。

⑴ 「有効期間」の問題点

　継続的契約において問題となる「期間」の意味・内容は様々（例：
賃貸借期間、リース期間、ライセンス期間）であるところ、上記の条
項例のように「有効期間」という一般的・抽象的表現を用いると、当
該契約における「期間」の意味・内容が曖昧になってしまうおそれが
あります。

⑵ いわゆる残存条項の問題点

　契約終了後も一部の条項の効力が有効に存続するということは、裏
を返せば、その余の全条項は契約終了と同時に効力を完全に喪失する
ことを意味します。

　したがって、**上記の条項例第3項**のような規定を設ける場合は、当
該契約の全条項を、①契約終了と同時に効力を完全に喪失させてもよ
いものと②契約終了後も効力を有効に存続させる必要があるものに二
分することが必要不可欠となりますが、多くの継続的契約において
は、この作業を法的疑義が生じないように正確に行うのは至難の業で
あると思われます。

2　個々の契約の内容に即した例

＜条項例①＞

第〇〇条（申込可能期間）

　乙が甲に対して本件個別契約の申込を行うことのできる期間は、〇〇年〇月〇日から〇〇年〇月〇日までの〇年間とする。

＜条項例②＞

第〇〇条（アドバイザリー期間）

　甲が乙に対して本件アドバイザリー業務を依頼することのできる期間は、〇〇年〇月〇日から〇〇年〇月〇日までの〇年間とする。

＜条項例③＞

第〇〇条（使用可能期間）

　乙が、第〇〇条に定める態様で本件コンテンツを使用することのできる期間は、〇〇年〇月〇日から〇〇年〇月〇日までの〇年間とする。

＜条項例④＞

第〇〇条（賃貸借期間）

　本契約に基づく本物件の賃貸借期間は、〇〇年〇月〇日から〇〇年〇月

○日までの○年間とする。

(1)　「期間」の意味・内容の具体化

　上記の条項例①〜④は、いずれも、「期間」の意味・内容を個々の契約に即して出来るだけ具体的に書き表したものです。

(2)　いわゆる残存条項の不使用

　上記の条項例①〜④では、いわゆる残存条項の使用は想定しておらず、各「期間」終了後の契約条項の効力等は、各契約の解釈問題に内包されることになるところ、少なくとも日本法を準拠法とする契約の場合、こうした処理で何ら不都合は生じないはずです。

　そもそも、いわゆる残存条項は、「有効期間」の満了等による契約の終了と同時に全条項が一瞬にして効力を完全に喪失する（もはや各条項に基づく法的権利行使などは出来なくなる）という原則論を前提に、それによってもたらされる不合理な帰結を回避すべく設けられるものであると思われますが、上記の条項例①〜④のように「期間」の意味・内容が具体化されている場合は、そのような原則論自体が登場しにくいといえます。

〈6〉 更新に関する条項　～自動更新の内容に注意する～

テーマ

　本項では、**継続的契約（例：業務委託契約、販売店契約、ライセンス契約、取引基本契約）の更新を定める条項**について、条項例をもとにポイントを解説します。

視　点

　実務上、継続的契約の契約書、特に、サービスや商品等を提供する側の当事者が作成した契約書には、**期間満了時の自動更新条項**が入っていることが多いところ、契約締結前のドラフトチェックや締結後の運用に際して、このような条項に無頓着な方もよく見受けられます。

　しかし、自動更新条項の影響は非常に大きいため、強い関心をもって確認・検討することが必要です。

基本条項例

＊下線部が後記の ポイント で取り上げる箇所です。

第○○条（期間等）

1．＜省略＞

2．前項に定める期間の満了日の○か月前までに、甲乙のいずれも本契約を更新しない旨の書面による通知を行わなかった場合、本契約は同一の

条件にて○年間更新されるものとし、<u>その後も同様</u>とする。

$$\boxed{\text{ポ　イ　ン　ト}}$$

1　更新拒絶と解約・解除の相違

　実務上、<u>更新拒絶＝「解約」or「解除」</u>という誤解も散見されますが、これらは全く異なる概念であることを理解しておく必要があります。

　すなわち、継続的契約の「解約」「解除」が、契約を**中途**で終了させる行為であるのに対し、更新拒絶は、契約を**満期**で終了させる行為であるということになります。

2　更新拒絶のタイムリミット

　更新拒絶の通知を期間満了日のどれくらい前までに行う必要があるかという点です。

　<u>この期間が長い（期間満了日から遠い）ほど更新を阻止しにくくなりますので、特に、サービスや商品等を提供される側の契約当事者としては注意が必要であり、契約書(案)を見て、長過ぎると感じた場合は、短縮を求めるべきです。

　なお、更新拒絶の可能期間が法令で定められていることもあります（例：借地借家法26）。

3　更新拒絶の方法

更新拒絶の**通知の方法**は、非常に重要な確認ポイントです。

基本条項例のように、「**書面による**」との条件が付されているにもかかわらず、契約書を十分確認せずに更新拒絶の意思を口頭で伝えたりすると、取引関係を解消すべき相手方との契約が長期間継続されてしまうという耐え難い事態になりかねませんので、十分な注意が必要です。

なお、法的観点からは、更新拒絶の通知方法には条件を付すのが適切（口頭のみでの通知を許容するのは不適切）ですが、その条件を、基本条項例よりも緩和して、例えば、「書面又は電子メールによる」などとすることも考えられます。

4　更新後の期間

更新後の期間は、当初の期間と同じであることが多いですが、異なるパターン（例：当初の期間は３年だが更新後の期間は１年）もあり得ますので、契約書(案)の作成又はチェックに際して留意する必要があります。

5　更新の反復継続性

自動更新を１回に止めず、その後も反復継続させたい場合には、基本条項例のように、「その後も同様」等の文言を入れておく必要がありますので、特に、サービスや商品等を提供する側の当事者としては、契約書(案)の作成等に際して注意すべきです。

〈7〉　解除に関する条項　〜実戦に即した内容にする〜

テーマ

　本項では、**継続的契約（例：業務委託契約、販売店契約、ライセンス契約、取引基本契約）の解除条項**について、条項例をもとにポイントを解説します。

視　点

　実務上、解除条項は軽視されがちであり、一応設けられていたとしても、その内容が法的には「解除」でないものや、法定の解除権を中途半端ないし不正確に引き写しただけの条項が散見されます。

　しかし、特に継続的契約において、解除条項は、**法的危機状態からの脱出手段**として極めて重要ですので、**実戦（法的トラブル発生時に、実際に解除する場面）をリアルに想定**した内容にしておく必要があります。

　なお、本項でいう「民法」には、当然ながら、改正前民法及び改正民法の双方が含まれます。

基本条項例

＊1 業務委託契約を念頭に置いた内容です。

＊2 下線部が後記の ポイント で取り上げる箇所です。

第○○条（解除）

1. 甲及び乙は、それぞれ、民法の一般原則に基づいて本契約を解除することができる。

2. 甲及び乙は、次の各号のいずれかの場合には、それぞれ、相手方に対して書面（ファクシミリを含む。）又は電子メールで通知することにより、何らの催告なく即時に本契約を解除することができる。

   (1) 相手方に次の①から⑨までのいずれかの事由が生じた場合

      ① 法的倒産手続開始の申立て（第三者による申立てを含む。）

      ② 振り出した手形又は小切手の不渡り

      ③ 銀行取引停止処分

      ④ 支払不能

      ⑤ 支払停止

      ⑥ 差押

      ⑦ 滞納処分

      ⑧ 解散

      ⑨ 相続・事業承継・M＆A・組織再編等による経営支配権の移動又は事業主体の変更等

   (2) 第○条第○項の前提が一部でも成立していなかった場合又は成立しなくなった場合

   (3) 相手方が本契約の規定に違反した場合

   (4) 相手方が違法行為をなした場合

   (5) 相手方が背信行為をなした場合

(6)　本契約の基礎にある甲乙間の信頼関係が破壊又は著しく毀損された場合

(7)　本件業務の履行の方針若しくは方法又はこれらに関連する重要事項について、甲乙間で合理的な範囲で協議を尽くしても意見が合致しない場合

(8)　本件業務の履行の方針若しくは方法又はこれらに関連する重要事項について、甲乙間で合理的な協議ができない場合

(9)　第○条による相手方の表明保証が事実に反していたことが判明した場合又は事実に反する状態となった場合

(10)　本件業務の円滑・適正な履行が不可能又は著しく困難な状況になった場合

(11)　本契約の継続が不可能又は著しく困難な状況になった場合

(12)　その他前各号に準ずる場合

＜プラスαの条項例その１＞

本契約の解除は、将来に向かってのみその効力を生じる。

＜プラスαの条項例その２＞

本契約の解除は、損害賠償請求を妨げるものではない。

ポイント

1 継続的契約の「解除」の意味

　民法の規定による法定解除であれ、契約の規定による約定解除であれ、継続的契約の「解除」とは、当事者の一方的な意思表示によって当該契約を中途で終了させることを意味します（遡及効がない点に着目して、講学上、「告知」とも呼ばれます。）。

　したがって、実務で時折見かける「甲乙間の協議により解除することができる」や「次に掲げる場合には、本契約は当然に終了する」等の規定は、「解除」を定めたものとはいえませんので、混同しないように注意が必要です。

　　※上記の「協議により解除」とは、合意解除ないし合意解約を意味すると解釈できますが、そうであるなら、わざわざ契約書の中で謳う法的必要性はありません。

2 法定解除権との関係

　契約当事者が特約で排除 or 修正しない限り、民法の規定に基づく法定解除権は当然に存在しています。

　基本条項例は、第２項による約定解除権の設定がメインですが、それによって法定解除権を排除等するものではないことを念のために確認すべく、第１項にて「民法の一般原則に基づいて本契約を解除することができる」と規定しているものです。

3 約定解除権の内容

基本条項例第2項の約定解除権は、催告を不要とする即時解除権としています。

解除に際して催告が必要だとすると、法的危機状態からの緊急脱出が困難になるため、法的リスクの低減という観点からは、即時解除権の設定が非常に重要です。

改正民法ひとくちメモ

改正民法542条の規定により、法定解除権としての即時解除権が改正前民法から大幅に拡充（明確化）されています。

---

4 即時解除の事由

基本条項例第2項では、即時解除事由＝「次の各号のいずれかの場合」に、想定し得る法的危機状態を広く取り込むことを意識しています。

実戦では、即時解除事由として主張する内容が具体的であるほど強い（法的な説得力が増す）ため、解除条項において出来るだけ多くの事由を規定しておくのが望ましいといえます。

5 即時解除の方法

基本条項例第2項では、即時解除の方法について、「書面（ファクシミリを含む。）又は電子メールで通知」と定めています。

これは、即時解除の意思表示の有無・内容等に関する紛争を可及的に

防止するために証拠の残る方法を求めつつ、解除権行使のハードルが高くなり過ぎないようにメールやＦＡＸによる方法も認めるものです。

6 遡及効がないことの確認条項

基本条項例の**＜プラスαの条項例その１＞**は、第１項の法定解除であれ、第２項の約定解除であれ、遡及効（当初から契約が存在しなかったことになる効力）はないことを確認するものです。

継続的契約の場合は、解除による遡及効はないのが原則であるため、こうした条項は法的に無益ともいえますが、例えば、報酬請求権を有する契約当事者の立場から考えた場合、「既実施の業務に係る報酬請求権を遡及効の主張によって否定される事態を可及的に防止する」等の観点から有用であるという見方もできると思われます。

7 損害賠償請求が可能なことの確認条項

約定解除のケースでは損害賠償請求はできないという考え方もあり得ることから、基本条項例の**＜プラスαの条項例その２＞**では、第１項の法定解除のケースであれ、第２項の約定解除のケースであれ、損害賠償請求権は排斥されないことを確認しています。

こうした条項は、①物品やサービス等の**提供を受ける**側の当事者（※即時解除＋損害賠償請求で攻める場面を大いに想定できます。）にとっては基本的に望ましいことが多く、②物品やサービス等を**提供する**側の当事者（※自らが即時解除した場合に行う金銭請求の対象は、未収の報酬・代金等であることが多いと考えられる一方、上記のとおり、相手方から即時解除＋損害賠償請求で攻められるリスクは相当あります。）にとっては基本的に望ましくないことが多いと考えられます。

〈8〉 契約内容の変更に関する条項
～その意義とデメリット・限界～

> ### テーマ
>
> 　本項では、**契約内容の変更方法を限定する条項（様々な契約類型に共通の条項）**について、条項例をもとにポイントを解説します。

> ### 視　点
>
> 　契約書を取り交わしたとしても、その後、契約当事者間の合意によって契約の内容が変更されることは当然あり得ます。
>
> 　その変更の方法がいかなるものでもよいとすると、契約書に記載された契約の拘束力が弱まるおそれがあるため、同方法を限定する契約条項を設けておくことがありますが、その際はデメリットと限界も認識しておくことが必要です。

1　契約内容の変更可能性

　契約の本質は**当事者間の合意**であるため（Ⅰ1〈1〉等参照）、いったん成立した契約についても、改めて当事者間で合意することにより、その内容を変更することが出来ます（そうした合意の最たるものが、解約・解除等の合意であるといえます。）。

　このような契約当事者間の「合意」は、法令や契約による制限がない限り、面談、電話、電子メール等の様々な方法によって行うことが可能

であり、さらには、契約書の記載内容とは異なる運用が長期にわたって継続されたこと等による黙示の「合意」が認定されるケースもあり得ます。

したがって、契約書に記載された契約内容は常に変更される可能性があることになりますが、こうした不安定な状況を可及的に防止し、契約の拘束力をなるべく強化するための方策として、**契約内容の変更方法を限定する条項**を設けておくことが考えられます。

こうした条項があれば、そこに規定されている方法以外の方法によって契約内容が変更された旨の主張を当事者が行うことは容易ではなくなります。

2 契約内容の変更方法を限定する条項

(1) オーソドックスな条項

＜条項例＞

> **第○○条（契約内容の変更）**
>
> 本契約の内容を変更するためには、甲乙間の書面による合意を要する。

契約内容の変更方法の限定としては、上記の条項例のように、「書面による」との条件を付すのがオーソドックスであると思われます。

(2)　電子メール等の排除を明示する条項

＜条項例＞

第〇〇条（契約内容の変更）

　本契約の内容を変更するためには、甲乙間の<u>書面（電子メールその他の電子的形態によるものを含まない。）による</u>合意を要する。

　単に「書面」とだけ記載している場合は、電子メール等を含むとの解釈が成り立つ余地も皆無ではないため、そうした電子的形態の排除を明示したのが上記の条項例です。

(3)　厳格な限定を行う条項

＜条項例＞

＊甲乙ともに法人であることが前提です。

第〇〇条（契約内容の変更）

　本契約の内容を変更するためには、甲及び乙の<u>代表者が記名・押印（登記所への届出印による押印に限る。）</u>した書面による合意を要する。

　契約内容の変更方法を厳格に限定するという観点から、①双方の代表者の記名・押印、②その押印は代表印（登記所への届出印）によるものに限るとの条件を付したのが上記の条項例です。

3　契約内容の変更方法を限定する条項のデメリットと限界

(1)　デメリット

　上記2で例示したような条項を設けた場合、電子メールのやり取り

等による契約内容の機動的変更（※支払関係の事務手続等に関してニーズがあり得ます。）は困難になることを予め認識しておく必要があります。

(2) 限　　界

　上記2で例示したような条項を設けていたとしても、契約内容の変更に係る当事者間の合意の成立を合理的に裏付ける証拠が存在している場合は、その合意方法の如何にかかわらず、結論として、契約内容の変更が認められる可能性が低くないと考えられます。

　契約の本質が当事者間の合意である以上、同じ当事者間での将来の合意（契約内容の変更等に関する合意）を契約書で事前に100％コントロールすることは困難であると思われます。

〈9〉　協議に関する条項
～有害無益な「協議」は入れない～

テーマ

　本項では、**契約当事者間の「協議」について定める条項**に関し、条項例をもとにポイントを解説します。

視　点

　実務で見かける契約書には、「協議」という文言がしばしば登場しますが、その多くは、無意味ないし有害であるといわざるを得ません。

　そもそも、契約当事者間の「協議」の結果として契約が成立しているわけですから、契約書の中で更なる「協議」を定めるべき場面は自ずと限定されることになります。

1 有害無益な条項の例

(1) 協議解除条項
＜条項例＞

第〇〇条（契約の解除）

　甲及び乙は、甲乙間の協議によって本契約を解除することができる。

　この条項例の「協議によって本契約を解除」は、**合意解除**ないし**合意解約**を意味すると解釈できますが、そうであるなら、わざわざ契約書の中で謳う法的必要性はありません。

　そればかりでなく、このような条項は、その解釈論として、法定解除権の排除等を定める特約などと主張されるおそれも否定できないため、法的には有害であるとも言い得ます。

(2) 誠実協議条項
＜条項例＞

第〇〇条（誠実協議）

　本契約に定めのない事項及び本契約の解釈上の疑義等については、甲乙間で誠実に協議のうえ解決するものとする。

　実務で見かける契約書の多くは、その末尾あたりに、この条項例と同趣旨の条項を設けています。

　法律家の大半は、法的紛争の処理に際して、こうした条項を無視するはずであり、その点だけでいうと「無益」で済みますが、相手方が、解釈論として、例えば、①法的措置に際して協議を前置すべき義務や、②

法的措置の回避に努めるべき義務等を主張してくる可能性も皆無ではないことに鑑みると、法的には「有害」と言い得ます（もちろん、そうした主張が訴訟手続等で認められるケースは稀有だと思われますが。）。

2　許容性のある条項の例

＜条項例＞

＊継続的取引の基本契約（例：販売店契約）を想定した条項例です。

第〇条（個別契約）

1．＜省略＞

2．個別契約は、乙が甲に注文書を交付し（乙による申込）、甲が乙に注文請書を交付すること（甲による承諾）によって成立する。なお、注文書及び注文請書の様式は、甲乙間の協議によって別途定めるものとする。

3．＜省略＞

　この条項例では、個別契約における「注文書及び注文請書の様式」の定めを当事者間の「協議」に委ねていますが、これは、協議対象が形式的・事務的な事項であり、それを巡って当事者間で紛争が生じるリスクも低いことから、許容性があると考えられます。

　もちろん、こうした事項についても、「協議」に委ねることなく、例えば、「注文書及び注文請書の様式は、別紙1の1～2のとおりとする」などと契約書に明記することができれば理想的ではあります。

〈10〉 法令適用の確認に関する条項
〜下手な焼き直しをしない〜

テーマ

　本項では、**法令上のルールがそのまま適用される旨を確認する条項**について解説します。

視　点

　契約書の中で、ある事項について、特約を設けるのではなく法令上のルールに委ねる旨を確認したい場合があります。

　その場合に、法令上のルール（例：債務不履行による損害賠償請求、法定解除）の内容を中途半端ないし不正確に切り取って契約書に移植（条項化）するということをやりがちですが、これをやってしまうと、法令上のルールをそのまま適用する趣旨なのか、それとも、特約を設ける趣旨なのかが不明確になるおそれがあります。

　したがって、法令上のルールに委ねたいのであれば、下手な焼き直しはせず、そのことがストレートに伝わる表現を用いる必要があります。

1　下手な焼き直しをしている例

＜条項例＞

第〇〇条（損害賠償）

　甲及び乙は、それぞれ、相手方による本契約上の義務違反に起因して損害を被った場合は、相手方に対し、直接かつ現実に発生した損害の賠償を請求することができる。

　この条項例においては、①「義務違反」が帰責事由を含む概念なのか、及び、②「直接かつ現実に発生」が相当因果関係と異なる概念なのか、という点が明らかではありません。

　その結果、法令上のルール（債務不履行による損害賠償請求）をそのまま適用する趣旨なのか、それとも、特約を設ける趣旨なのかが不明確になっているといえます。

2　ストレートに伝わる表現を用いている例

＜条項例①＞

第〇〇条（法令の適用）

　本契約に定めのない事項については、民法、借地借家法その他の法令で定めるところによる。

＜条項例②＞

> **第〇〇条（製造物責任）**
> 　本製品の欠陥により人の生命、身体又は財産に係る被害が生じた場合における甲の法的責任については、<u>製造物責任法で定めるところによる</u>。

　条項例①においても、条項例②においても、<u>法令上のルールの要件・効果の説明等には踏み込まず</u>、端的に、「で定めるところによる」と記載しているため、特約である旨の誤解や曲解が生じる余地はないはずです。

3 契約書の取り交わしに関する留意点

〈1〉 相手方の特定 ～法的な「正体」を特定する～

視 点

　世の中には、「○○クリニック」「○○商店」「○○ジム」「○○塾」「○○事務所」などの屋号を前面に出す形で事業が行われているケースが少なくありません。

　そこで、本項では、こうしたケースで契約書を取り交わす場合の留意点について概説します。

1　契約の当事者

　契約の当事者となり得るのは、通常は**自然人（個人）**又は**法人**です（権利能力なき社団や組合等は、ここでは考慮外とします。）。

　上記のような「○○クリニック」「○○商店」「○○ジム」「○○塾」「○○事務所」など自体は、法的権利義務の帰属主体ではないため、契約書を取り交わす際には、当該事業の<u>経営主体である自然人（個人）又は法人</u>を相手方とする必要があります。

2　経営主体の特定

　事業の経営主体である自然人（個人）又は法人の特定は、相手方に対する直接確認のほか、次に例示するような外形的・客観的指標を参照し

つつ行うのがよいと思います。

(1)　ホームページ等での表示

　ホームページ等において、「運営会社　○○○○株式会社」などと表示されていることがあります。

　ただし、こうした表示は、あまり目立たない形でされていることが少なくありませんので、よく確認する必要があります。

(2)　許認可等

　行政上の許認可や届出等が事業の要件になっている場合は、その許認可取得者や届出者等が経営主体ということでほぼ間違いないといえます。

　ただし、いわゆる名義貸等の可能性に一応留意しておいたほうがよいと思います。

(3)　賃貸借関係

　多くの事業では、その事業用スペース（例：店舗）が賃貸借によって確保されていますが、その賃借人と経営主体は一致していることが非常に多いといえます。

　ただし、転貸借や業務委託等の変則的形態の可能性に一応留意しておいたほうがよいと思います。

(4)　税務申告

　契約締結交渉の過程で、相手方から税務申告書類の開示まで受けることのできるケースは少ないと思いますが、税務申告の内容は、経営主体を特定するための非常に有力な材料であるといえます。

3 「オーナー」について

　特に中小事業体においては、他称ないし自称「オーナー」が存在することがよくあります。

　この「オーナー」は、字義どおりに捉えれば、経営主体である自然人（個人）を意味することになりますが、実際には、①経営主体である法人の代表者、②経営主体である法人の主要出資者（例：支配株主）、③経営主体である自然人（個人）のいわゆる金主などを指しているケースもあるため、実態を見極める必要があります。

〈2〉 相手方についての調査　～基本情報を確認する～

> ┌─| 視 点 |─────────────────────────┐
>
> 　初めて契約を結ぼうとする相手方の素性等について、どの程度の調査・確認を行うべきかはケースバイケースというほかありませんが、本項では、最も基本的で簡易な方法を紹介しておきます。

1　商業・法人登記の確認【法人の場合】

(1)　登記事項証明書の入手

　相手方が会社その他の法人である場合は、その商号（名称）、本店（主たる事務所）、成立年月日、代表者などの重要情報が商業・法人登記によって公示されているはずですので、契約締結前に、登記事項証明書を入手して内容を確認しておくことが必要不可欠です（※「インターネット登記情報提供サービス」を契約していれば、インターネットを通じて登記事項を確認することもできます。）。

　登記事項証明書には複数の種類がありますが、取引相手等の情報を確認する際には、**履歴事項全部証明書**が最も適していると思われます。

　なお、実務では、よく、「会社の謄本」「法人の謄本」などという言い方をしますが、これは、通常、登記事項証明書（特に、**履歴事項全部証明書や現在事項全部証明書**）を指しています。

(2)　主な確認ポイント

　登記事項証明書を見る際の主な確認ポイントは次のとおりです。

- そもそも登記事項証明書を取得することができるか（＝商業・法人登記がきちんとなされているか）。
- **商号（名称）**や**本店（主たる事務所）**の情報に齟齬はないか。
- 成立年月日（法人設立からの年数）
- **代表者**の情報に齟齬はないか。
- **取締役会設置会社**か否か（株式会社の場合）。
- 「目的」と実際の事業活動に齟齬はないか。
- 資本金の規模（会社の場合）
- 役員について、**イレギュラーな登記（例：職務執行停止・職務代行者選任の仮処分に基づく登記）**がなされていないか。
- **解散**や**破産**等の登記がなされていないか。

2　身分証等の確認【自然人の場合】

　契約その他の法的土俵において、自然人（個人）を特定する際の必要最低限の要素は、**住所・氏名**です（例えば、民事訴訟の原告・被告が自然人の場合は、住所・氏名によって特定がなされます。）。

　したがって、契約の相手方が自然人（個人）である場合は、相手方から**運転免許証、旅券、住民票、印鑑登録証明書**などの提示ないし交付を受けることによって正確な住所・氏名を確認することが最も基本的な調査ということになります。

3　登録情報等の確認【共通】

　相手方の事業内容が、公的な資格や許認可等に基づくものである場合は、インターネット上に情報検索システムが設置されていることが多く、これも有用な調査・確認手段となります。

　こうした情報検索システムの例としては、次のようなものがあります。

- 建設業者
  →国土交通省の建設業者・宅建業者等企業情報検索システム
- 宅地建物取引業者
  →国土交通省の建設業者・宅建業者等企業情報検索システム
- 税理士・税理士法人
  →日本税理士連合会の税理士情報検索サイト
- 弁護士・弁護士法人
  →日本弁護士連合会の弁護士情報・法人情報検索

4　決算書類の確認【共通】

　相手方の資力の確認という観点からは、その決算書類（例：決算報告書）のコピーを入手することができれば非常に有用です。

　この点、相手方との力関係が対等以下の場合は、提供の打診自体が困難でしょうが、例えば、金銭消費貸借契約の貸主、建物賃貸借契約の賃貸人、あるいは、これらと同等の法的立場にある当事者の場合は、直近3期分程度の決算報告書等のコピーの交付を求めることも、取引通念上あり得ます。

〈3〉 契約書(案)の準備【その1】
～できるだけ自社側で作成する～

｜視　点｜

　実務では、一方当事者が契約書(案)を作成して他方当事者に提示し、それをもとに契約締結交渉が進められていくのが一般的です。

　本項では、その**契約書(案)を当事者のどちらが作成するのか**という点について解説します。

1　自ら作成することのメリット

　実務では、自社の側で契約書(案)を作成することに拘らない、あるいは、むしろ相手方による作成を歓迎するというスタンスもよく見受けられます。

　この点、たしかに、契約書(案)の作成には相当な業務負担が生じますし、弁護士等に依頼する場合には費用も発生しますが、作成側の大きなメリットとして、**①契約の土台・骨組みを設定できる、②契約内容に関するリスクの把握・管理を行いやすい、③契約締結交渉のイニシアティブをとりやすい**、等があるため、法的観点からは、契約書(案)の作成は自社側で行うのが有利であるといえます。

　机上の理屈では、自社側で契約書(案)を作成して相手方のチェック・修正を受けようが、相手方が作成した契約書(案)を自社側でチェック・修正しようが、最終的なゴールに変わりはないように見えますが、現実的には大きな違いがあります。

2 作成主体についての慣習

　上記1で述べた内容からすると、契約書(案)は常に自社側で作成した
ほうがよいということになりますが、慣習上、契約書(案)の作成側が概
ね定まっているといえる契約類型も相当数あります（次表参照）。

契約類型 【例】	契約書（案）の作成者【通常】
不動産賃貸借契約	賃貸人側
金銭消費貸借契約	貸主側
ライセンス契約	ラインセンサー側
委任契約	受任者側
請負契約	請負人側

　上の表にあるような契約類型では、通常とは異なる側（例：不動産賃
貸借契約の賃借人側）が契約書(案)を作成することは困難あるいは無意
味なことが多いですが、個別事情に応じ、当事者間の合意に基づいて別
段の取扱いをすることはもちろん可能です。

3 事前の申し合わせの必要性

　いずれにしても、契約書(案)をどちらが作成するかについては、当事
者間で事前に明確な申し合わせをしておく必要があります（当然なが
ら、双方が作成してしまうと労力・費用等の無駄遣いですし、相手方の
出方を待ってお見合い状態になると交渉が進みません。）。

　特に、自社側での作成を希望する場合は、先手を打ってアナウンスす
ることが重要です。その際は、大仰に宣告するのではなく、「では、契
約書のドラフトを準備してメールでお送りしますね」といった感じで、
当たり前のようにさらりと告げるのがよいと思います。

〈4〉 契約書(案)の準備【その2】
～書式・雛形を安易に用いない～

視 点

　実務では、契約書(案)の準備に際して、<u>既存の書式や雛形を過大に</u>
<u>重視する傾向が強く</u>見受けられます。

　特に、その書式・雛形が自社内で何らかのオーソリティーを有して
いる（例：長年にわたり使用してきた、顧問弁護士が作成した）場合
などには、<u>個々の案件への適合性等を精査することなく、ほとんど機</u>
<u>械的に（固有名詞や金額等だけを変えて）流用</u>しようとする場面も珍
しくありません。

　しかし、他の案件と全く同じ契約内容でよい（固有名詞や金額等を
変えておきさえすればよい）ケースはそれほど多くないはずであり、
特に上記のような機械的流用をしても全く支障のないケースというの
は限られます。

　そこで、本項では、**既存の書式・雛形の利用に関するスタンス**を、
類型ごとに概説します。

1　基本的に問題がない類型

　監督官庁やそれに類する公的機関が、標準約款などの位置づけで契約
書（の中核部分）の書式・雛形を作成・公開し、その使用を指導ないし
推奨していることがあります（下記の例示参照）。

　こうした標準約款等については、基本的には利用に問題はないはずで
すが、当然ながら、<u>きちんと全文を通読して、当該案件の個別事情に不</u>

適合な箇所等がないかを確認する必要はあります。

＜標準約款の代表例＞

●宅地建物取引業法施行規則の規定による標準媒介契約約款

●民間工事標準請負契約約款（甲・乙）

2　問題が生じにくい類型

　契約の対象となる**事業の内容が定型的**であり、かつ、**契約内容の個性が弱い**（契約の相手方が異なっても契約内容に特段の相違がない）ケースでは、既存の書式・雛形の利用に問題が生じにくいといえます。

　例えば、次のような契約類型では、固有名詞や金額等を変える程度のアジャスト（及び特約による一部修正）によって、既存の書式・雛形を利用できることが多いと思われます（ただし、当然ながら、きちんと全文を通読して、当該案件の個別事情に不適合な箇所等がないかを確認する必要はあります。）。

＜既存の書式・雛形を利用しやすい契約例＞

●同一の建物にある貸室の賃貸借契約

　→ただし、少なくとも、①普通借家契約か定期借家契約か、②法人賃借か個人賃借か、③事業用か居住用か、という観点からの書式・雛形の区別は必要。

●同一のスポーツクラブ・ジム・道場等の会員契約

　→ただし、少なくとも、①どのコースの会員か、②法人会員か個人会員

か、という観点からの書式・雛形の区別は必要。

3　精査を要する類型

　契約の対象となる**事業の内容が非定型的**であり、かつ、**契約内容の個性が強い**（契約の相手方によって契約内容にかなりの相違が生じ得る）ケースでは、既存の書式・雛形の安易な利用は禁忌と考えるべきです（的外れな流用をしてしまった場合は、重大な支障が生じるおそれがあります。）。

　例えば、次のような契約類型では、当該案件専用のドラフトを一から作成する気構えで臨む必要があり、既存の書式・雛形は参考程度に止めるべきです。

＜既存の書式・雛形は参考程度に止めるべき契約例＞

●研究、開発、コンサルティング、企画、アドバイザリー、顧問などの専門性・裁量性の強い業務を対象とした業務委託契約等
●Ｍ＆Ａや事業承継等に関する契約
●知的財産等を対象とする使用許諾ないしライセンス契約

〈5〉 契約書(案)を相手方が作成するケース
～相手方の善意に委ねない～

視点

　契約締結交渉の際、契約書(案)は極力自社側で作成すべきですが（Ⅱ③〈3〉参照）、常にそれが可能とは限らず、その作成を相手方に委ねざるを得ないケースも当然あります。

　そこで、本項では、**契約書(案)を相手方が作成するケースでの主な注意点**を概説します。

　なお、ローン、クレジット、リース等の契約書(案)修正の現実的可能性が乏しい契約形態は考慮外とします。

---

1 契約書(案)の位置づけ等に関するコンセンサス

　いわゆる殿様商売スタイルの相手方や、契約に関する法的素養を欠いている相手方の場合、たとえ悪意はなくとも、自らの契約書(案)を当然に確定版と捉えていることがあります。このようなタイプの相手方は、契約書(案)の事前確認等のプロセスを度外視し、調印用の契約書用紙を一方的に交付してくることもあります。

　「法的リスクは度外視し、全て相手方のやり方に従う」等の方針に立っているのでもない限り、上記のような進め方を許容するわけにはいきませんので、契約書(案)の作成を相手方に委ねるケースでは、当初の段階で、少なくとも次の①～③の点についてコンセンサスを得ておく必要があります。

　※実質的な意味でのコンセンサスがあれば足りるのであって、これらの点

をいちいち相手方にメール等で突きつけるという趣旨ではありません。

---

① 　相手方が作成するのは、あくまでもドラフトであること。

② 　上記①のドラフトの確認・検討には、相応の期間を要すること。

③ 　上記①のドラフトに対し、当方から修正等の要望を出す可能性があること。

2　契約書(案)をチェックする際のスタンス

相手方が作成した契約書(案)をチェックする際は、「ニュートラルな契約書など存在しない」「必ず相手方に有利、あるいは、当方に不利な規定があるはず」という意識を持ち、その「相手方に有利」ないし「当方に不利」な規定を網羅的にピックアップしていくつもりで精査すべきです。

気になる規定や引っかかる規定があった場合に、相手方の穏当で甘い対応を当て込んでスルーするのは禁物であり、相手方が自らの法的利益を最大限に追求する姿勢で当該規定をフルに活用してくる事態を想定しなければなりません。

相手方に対して修正等の要望を出すか、それ以外の方法（Ⅱ③〈6〉参照）を検討するか、契約締結後の運用の中でリスク低減を図るか、あるいは、契約の締結自体を見直すかなどの方針を定める前提として、まず、相手方の契約書(案)に存在するリスクをしっかりと把握することが必要となります。

3 一般的な条項をチェックする際の注意点

相手方が作成した契約書(案)をチェックする際に、**秘密保持**に関する条項、**期間**に関する条項、**解除**に関する条項、**損害賠償**に関する条項、**反社会的勢力の排除**に関する条項などの一般的な条項について、その存否のみを確認し、内容は精査しない（設けられているだけで安心する）という傾向も実務上散見されますが、これは大きな誤りです。

すなわち、ひとくちに「秘密保持条項」「解除条項」「損害賠償条項」などと言っても、その内容は実に様々ですので、器だけを見て安心し、中身を精査しないような対応は、契約書(案)のチェックとして全く意味をなしません。

契約書というものは、既存の条項（ピース）をパズルのように組み合わせて作るものではなく、あくまでも、当事者間の個別的・具体的な合意を書き記した文書であるという本質を忘れないことが重要です。

〈6〉　譲歩のテクニック　～解釈の布石を打つ～

視　点

　契約締結交渉では、相手方が提示してきた条項の内容が明らかに自社にとって不利ないしリスキーな場合であっても、**ビジネス上の観点等から、削除・修正の要求を控えざるを得ないケースが少なからずあ**ると思われます。

　本項では、そうしたケースにおいて、**条項自体はそのまま維持しつつ、自社にとっての法的リスクを低減する方法**を紹介します。

1　基本的スタンス

　契約締結交渉の過程で相手方が提示してきた条項が、**自社に対して過大な義務・責任を課すことになるおそれがある又は相手方の義務・責任を不当に軽減**することになるおそれがあるにもかかわらず、ビジネス上の観点等から、当該条項自体の削除や修正を要求するのが困難な場合には、次善の策として、将来の法的紛争に備えた布石を打っておくのがよいと思います。

　すなわち、将来、相手方との間で当該条項を巡る法的紛争が生じた場合に、裁判所（や弁護士）が、当該条項の趣旨を合理的に限定した解釈（自社が過大な義務・責任を課されない解釈、あるいは、相手方の義務・責任が不当に軽減されない解釈）を行いやすくなるような布石を打っておくということです。

2 布石を打つ方法

　相手方に返す契約書ドラフト又はメール本文の中で、「○○○○との解釈のもとに第○条第○項を受諾いたします」「第○条第○項については、○○○○との解釈を前提に残存を受諾します」という趣旨のコメントを明記するのがよいと思います。

　これは要するに条件付の受諾ですが、相手方が異議を唱えることなく契約の締結に至った場合には、上記の「○○○○との解釈」についてコンセンサスが形成されたと言い得る状況が生まれます。

　なお、上記の「○○○○との解釈」が客観的合理性を有するものであれば、相手方としては異議を唱えにくいはずですが、それでも異議を唱えてきた場合には、相手方の危険な意図が明らかとなり、その結果、自社としては、より具体的なリスクの把握が可能になります。

3 コメントの例文

　上記2の「コメント」の具体的内容は個々の状況に応じて様々ですが、以下、イメージ作りの一助として例文を示しておきます。

<例文1>

> 本件顧客候補者からの要望に正当な理由がある場合にのみ、甲は乙に対して本件資料の交付請求をなし得るという解釈のもとに第○条第○項を受諾いたします。

＜例文 2 ＞

ご提示の条項案については、<u>当該ケースにおける賃料の免責範囲</u><u>は、転貸供用不能で転貸料を得られない貸室に相当する部分に限定</u><u>されるという解釈のもとに</u>受諾いたします。

＜例文 3 ＞

御社が第○条第○項の残存を強く希望されるのであれば、<u>民法上の</u><u>債務不履行責任ないし不法行為責任と同等の要件が必要となる旨の</u><u>解釈のもとに</u>受諾いたします。

〈7〉 証明書類の徴求等 ～契約時が唯一のチャンス～

┌─ 視 点 ─┐

　契約の相手方に対し、**本人確認書類・資力確認書類等の提出**やリスク・不利益要素等に関する**説明書等への記名・押印**を求めたい場合があります。

　本項では、こうした要請の内容や方法等について概説します。

1　相手方への要請事項（例）

　契約の相手方に対する要請事項としては、例えば次のようなものを挙げることができます（Ⅱ③〈2〉参照）。

(1)　相手方が法人の場合

ア　登記事項証明書の提出

　登記事項証明書（例：履歴事項全部証明書、現在事項全部証明書）は、法人の最も基本的な証明書類である上、その記載内容が経時的に変化するものであるため（例：代表者の変更、役員の変更）、過去に取引実績のある相手方の場合でも、提出を求めたいところです。

　ただし、自社で取得することも可能なので、その手間を厭わない場合は、相手方に要請する必要はありません。

イ　印鑑証明書の提出

　相手方に対し、代表印（届出印）による契約書への押印を求める場合は、印鑑証明書の提出要請が不可欠といえます。

印鑑証明書の提出がない場合には、代表印（届出印）による押印は特別の意味を持たなくなります。

ウ　決算書類などの提出

金銭消費貸借契約の貸主や建物賃貸借契約の賃貸人等の立場（簡単に言うと、自己の財産を貸与し、その利用を許諾する立場）であれば、相手方の資力の証明資料として、決算書類(写)や納税証明書などの提出を求めることもあり得ます。

(2)　相手方が自然人（個人）の場合

ア　写真付身分証明書の提示＋コピー提出

自然人（個人）の場合は、運転免許証その他の写真付身分証明書（公的機関が発行しているもの）が最も基本的な証明書類となります。

特に、相手方の自然人（個人）が金銭債務を負担する内容の契約の場合等には、こうした写真付身分証明書の提示＋コピー提出を求めるのが妥当であるといえます。

イ　印鑑登録証明書の提出

相手方に対し、実印（登録印）による契約書への押印を求める場合は、印鑑登録証明書の提出要請が不可欠といえます。

印鑑登録証明書の提出がない場合には、実印（登録印）による押印は特別の意味を持たなくなります。

ウ　確定申告書類などの提出

金銭消費貸借契約の貸主や建物賃貸借契約の賃貸人等の立場（簡単に言うと、自己の財産を貸与し、その利用を許諾する立場）であれば、相手方の資力の証明資料として、確定申告書類(写)や納税証明書等、あるいは、源泉徴収票(写)や課税証明書などの提出を求めることもあり得ます。

⑶ **共　　通**

　相手方が法人であれ自然人（個人）であれ、不確定要素の強い専門的業務を提供する業務委託契約や、大きな経済的価値のかかった取引に関する契約等においては、**リスク・不利益要素等に関する説明書等**（Ⅱ④〈8〉参照）に相手方の記名・押印を求めるのが望ましいケースがあります。

2　要請のタイミング等

⑴　**スタート**

　上記 1 で例示した相手方への各種要請は、遅くとも、契約書(案)の内容が固まった段階（契約締結の可能性が高まった段階）で開始する必要があります。

　特に、決算書類や確定申告書類などの提出を求める場合は、相手方の準備期間を十分に考慮しなければなりません。

⑵　**ゴ　ー　ル**

　上記 1 で例示した各種要請事項については、<u>必ず、契約成立時までに相手方に対応してもらう必要</u>があります。

　言い方を変えると、<u>これらの要請事項への相手方の対応と契約の締結をワンセットで進める</u>のが妥当です。

　上記 1 で例示した各種要請事項は、相手方にとってデメリットはあり得てもメリットは一切ないものばかりですので、<u>契約締結後の前向きな対応は全く期待できないことを銘記しておく</u>ことが重要です。

3　証明書の「有効期限」「有効期間」

　上記1で例示した登記事項証明書・印鑑証明書・印鑑登録証明書については、実務上、よく、「有効期限」や「有効期間」が発行日から3か月であるなどと言われたりしますが、このような表現は正確ではありません。

　すなわち、これらの証明書自体に「有効期限」や「有効期間」の定めがあるわけではなく、実務上よく見かける「3か月」という数字にしても、提出を求める側が設定した条件に過ぎません。

　したがって、これらの証明書の提出要請を行う場合は、別の条件を設定してもよく、筆者個人としては、「押印日から遡って1か月以内」をお勧めします。

〈8〉 契約書の取り交わし方法
～方法ごとのリスクを理解する～

視 点

　紙の契約書を前提とした場合、その取り交わしに際しては、何らかのタイムラグ（例：各当事者の記名・押印のタイムラグ）が生じるのが通常です。

　こうしたタイムラグに伴って、契約当事者の一方がリスクを負担することになるため、そのことを十分に意識した上で契約書の取り交わし方法を検討するのが適切です。

　そこで、本項では、契約書の主な取り交わし方法及びそのリスクについて解説します。

1　契約書の取り交わし方法

　契約書の主な取り交わし方法としては、実務上、次のようなものがあります。

※理解の便宜上、全て、甲と乙の二者による契約を前提とします。

(1)　同時方式

　甲が契約書用紙を2部準備して乙と面談を行い、<u>その席上で甲乙双方が記名・押印を行って契約書2部を完成させた上で、各1部を持ち帰る</u>。

(2) 異時方式

ア 押印先行型

① 甲が契約書用紙を２部準備し、双方に自らの記名・押印を済ませた上で、それらを乙に交付する。

② 上記①の契約書用紙２部を受け取った乙は、双方に自らの記名・押印を行って契約書２部を完成させた上で、うち１部を甲に戻し、残りの１部は自ら保有する。

イ 押印後行型

① 甲が契約書用紙を２部準備し、自らの記名・押印を行うことなく、それらを乙に交付する。

② 上記①の契約書用紙２部を受け取った乙は、双方に自らの記名・押印を済ませた上で、双方を甲に戻す。

③ 上記②の契約書用紙２部を受け取った甲は、双方に自らの記名・押印を行って契約書２部を完成させた上で、うち１部を乙に再交付し、残りの１部は自ら保有する。

(3) 混合方式

① 甲が契約書用紙を２部準備し、双方に自らの記名・押印を済ませた上で、それらを携えて乙と面談を行う。

② 上記①の面談の席上にて、乙は、甲が持参した契約書用紙に記名・押印を行って契約書２部を完成させ、その後、甲乙が各１部を持ち帰る。

③ 万一、乙が上記②の記名・押印を拒否した場合は、甲は、持参した契約書用紙２部をそのまま持ち帰る。

2　リ　ス　ク

上記1で述べた各方式のリスクは次のとおりです。

⑴　同時方式

ア　リ　ス　ク

自ら契約書用紙を準備する甲は、その内容を十分に確認することが可能である一方、面談の席上で初めて契約書用紙を手にすることになる乙には、十分な確認の余裕はないのが通常です。

契約締結交渉の過程で乙が確認及び承認した契約書(案)の内容と甲が面談の場に持参した契約書用紙の内容が一致している保証はないため、乙は、自らが承認していない内容の契約書に記名・押印するリスクを負っていることになります。

イ　リスク低減策

乙の立場からのリスク低減策としては、例えば次のようなものが考えられます。

①　甲が記名・押印を済ませた契約書用紙2部を、事前に、メール添付又はFAXで送信してもらう。

→甲による故意のすり替えがないことを前提にすれば、乙は、記名・押印する契約書用紙の内容を十分に事前確認することが可能となる。

②　甲が持参した契約書用紙2部のうちの1部だけを確認し、その1部を乙用として持ち帰る。

(2)　**異時方式**

　ア　**押印先行型**

　　①　**リ　ス　ク**

　　　乙が契約書を甲に戻してこない場合、甲は、「契約が成立したか否かが確定できない」あるいは「契約成立の証である契約書を相手方だけが所持していて自らは所持していない」という極めて不安定な立場に置かれてしまいます。

　　　これは、特に、契約成立後直ちに甲が業務に着手しなければならないケース等で重大な支障をきたすことになります。

　　②　**リスク低減策**

　　　甲にとって有効なリスク低減策はないと言わざるを得ません。

　イ　**押印後行型**

　　　契約書を完成させることが出来るのは甲であるため、上記アの記述を、甲と乙の立場を逆にして読めばよいことになります。

　　　ただし、甲は、自ら契約書用紙を準備のうえ乙に交付していますので、契約書の取り交わし手続を自らの手元でストップしてしまう可能性は、上記アの乙に比して事実上低いと考えられます。

(3)　**混合方式**

　上記(1)の記述と同様です。

　なお、甲は、自らの記名・押印を先に済ませているものの、契約書の完成の有無を見極めることが可能であり、かつ、完成した契約書を乙の手元に止め置かれる事態も生じないため、上記(2)アで述べたようなリスクを負うことにはなりません。

〈9〉 契約書の実用　〜取り交わして終わりではない〜

┌─ 視 点 ─────────────────────────────────┐

　契約締結交渉の過程では、契約書(案)の作成・修正・チェック等に熱心に取り組んでいても、いざ契約書が完成して取り交わしが終わると、契約書を大切にしまい込んで取引関係の中でほとんど参照しないというケースを時折見かけます。

　そのようなケースでは、せっかく苦労して作った契約書に書いてあるルールとは異なる運用が取引関係の中で形成されていき、その結果、契約が有名無実になってしまうという事態に陥りがちです。

　そこで、本項では、**取り交わしが終わった後の契約書の実用**について解説します。

└────────────────────────────────────┘

1　契約内容の変動リスク

　契約とは**当事者間の合意**であるため（Ⅰ①〈1〉等参照）、契約書の取り交わし後に、当該契約書に記載された契約内容を変更する旨の合意が契約当事者間で成立した場合には、当該合意に沿って契約内容が変動することになります。

　このような契約内容変更合意は、原則として書面等の形式によることを要せず（Ⅱ②〈8〉参照）、かつ、必ずしも明示的になされる必要はないため、契約当事者間の運用（例：契約書の記載とは異なる条件での取引の反復・継続）を根拠に成立が認められる可能性もあります。

　こうしたリスクを極力封じるべく、契約書中に、「本契約の内容を変更するためには、甲乙間の書面による合意を要する。」等の条項を設け

ているケースもありますが、かような条項が万能というわけではありません（Ⅱ②〈8〉参照）。

2　常時チェックの重要性

　上記1で述べた契約内容の変動リスクに鑑みれば、かつ、契約書のそもそもの役割・機能（特に、取引関係のルールブック機能。Ⅱ①〈2〉参照）を想起すれば、<u>取引関係における各種の運用が契約書の記載に適合しているかを常にチェック</u>することが極めて重要であるといえます。

3　逐一参照の必要性

　上記2で述べた常時チェックを実行するためには、<u>取引関係の全過程（例：発注書の受領、受注書の返送、納品の実施、請求書の発行）において、契約書を逐一参照する必要があります。</u>

　特に、内容の異なる複数種類の契約書を取り扱っている場合には、思い込みや混同などによるエラーが生じることも珍しくないため、面倒ではあっても、いちいち契約書を確認しなければなりません。

4　逐一参照のための措置

⑴　データ化

　紙の契約書について、その原本やコピーをファイルに綴じて保管するという措置しか講じていない場合は、そのファイルを都度引っ張り出してくるのが面倒であるため、どうしても参照を怠りがちです。

　また、このような保管方法をとっている場合（特に、コピーをとらず原本だけを保管している場合）には、紛失等の事故が発生した場合

の支障が極めて大きくなってしまいます。

　そこで、紙の契約書については、取り交わし後直ちに PDF 等によるデータ化を行い、電子データの形式でも保管をしておくことが必要不可欠であるといえます。

　なお、こうした電子データは、実際に取り交わした契約書のデータであることが一目瞭然でないと意味がないため、契約書(案)の最終版の Word ファイル等では極めて不十分であると言わざるを得ません。

(2)　データの共有

　上記(1)のように電子データの形式で契約書を保管していたとしても、取引の前線部隊が容易にアクセス可能な状態に置いていなければ、上記 3 で述べた逐一参照は到底おぼつきません。

　したがって、契約書の電子データは、当該取引関係の担当者（のリーダー）が任意にアクセスし得る状態にしておく必要があります。

　実務では、契約書の記載内容をよく知らない従業員等が、取引関係の一端を担う（例：相手方に対する依頼の窓口となる）場面も見受けられますが、こうした状況は非常に危険であるといえます。

4 契約書における一歩進んだ工夫

〈1〉 契約のセパレート ～縦横に切り分ける～

視 点

　研究、開発、企画、コンサルティングなどの専門的業務を対象とする業務委託契約等では、**①複数の企業等が受託者となって業務を分担・協働するケース**や、**②業務の実施が段階的になっている（ある段階をクリアして初めて次の段階に進む仕組みになっている）ケース、**あるいは、**①と②の複合ケース**などがあります。

　これらのケースでは、営業上の観点等から一体の契約（1通の契約書）にしてしまいがちですが、そのような契約構成は、法的リスクの制御という観点からは適切とはいえません。

　そこで、本項では、上記のようなケースでの契約構成について解説します。

1　モデル設例

　ここでは、同一の企業グループに属するX株式会社とY税理士法人が協働して2段階のコンサルティング業務（総称して以下「本件コンサル業務」といいます。）を実施するケースをモデル設例とします（次頁のイメージ図参照）。

＜イメージ図＞

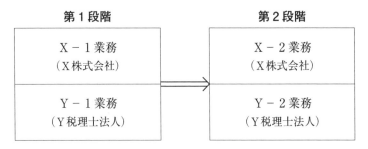

2　一体契約へのインセンティブ

　X株式会社とY税理士法人が本件コンサル業務を受託するに際しては、次に示すような観点から、一体契約（1種類の契約書）へのインセンティブが強く働くと考えられます。

⑴　内部的な一体性

　X株式会社とY税理士法人は同一の企業グループに属しており、両法人のメンバー（※双方に籍のあるメンバーも存在）が混然一体となって本件コンサル業務を進めていくことになるため、X株式会社及びY税理士法人としては、「2つの法人」ではなく「1つのグループ」で受託しているという意識になりやすいといえます。

⑵　対外的な一体性

　クライアントとの関係でも、X株式会社とY税理士法人は一体で行動（例：打合せの際、両法人に籍のあるメンバーが立場を分けずに説明、連名の見積書に両法人の報酬の合算額を記載）しがちであると考えられます。

⑶ 営業上の観点

本件コンサル業務の実施段階ごとに契約するよりも、最初から全段階の契約をまとめて締結したほうが、受注の規模・確実性等の点で営業上のメリットを感じやすいといえます。

⑷ 業務負担の観点

Ｘ株式会社およびＹ税理士法人としては、複数種類の契約書の作成・取り交わしという方法に対して、業務上の負担を感じやすいと考えられます。

3 一体契約のデメリット

Ｘ株式会社とＹ税理士法人が、上記２のインセンティブにしたがって一体契約（１種類の契約書）の路線を進んだ場合には、次のようなデメリットが生じるおそれがあります。

⑴ 契約書の複雑化・錯綜化

本件コンサル業務は、大別すると、**Ｘ－１業務、Ｘ－２業務、Ｙ－１業務、Ｙ－２業務という４つのカテゴリーから構成**されています（上記１のイメージ図参照）。

この４つのカテゴリーを１通の契約書にまとめる作業は難易度が高いですし、その作業を何とか行えたとしても、契約書の内容が複雑ないし錯綜したものになってしまう可能性が高いと考えられます。

⑵ 契約書の精度の低下

上記⑴で述べた契約書の複雑化・錯綜化は、契約書の精度の低下（例：契約条項の内容が、各受託者の属性や各業務の性質等に十分マ

ッチしていない状態等）につながるおそれがあります。

(3) 想定外の事象等に対する脆弱性

　X株式会社とY税理士法人が本件コンサル業務を一体契約（1種類の契約書）の方式により受託した上で、第1段階の業務（X－1業務、Y－1業務）を進めていったところ、当初の想定とは異なる事象や展開等に見舞われて、第2段階の業務（X－2業務、Y－2業務）に関する契約内容を維持できなくなる可能性があります。

　こうした事態においては、クライアントが、X株式会社及びY税理士法人に対して何もペナルティーを課すことなく契約の修正や解消等に応じるという寛容な対応をしてくれない限り、両法人は窮地に陥ることになります。

(4) 責任範囲の流動化

　X株式会社とY税理士法人が本件コンサル業務を一体契約（1種類の契約書）の方式により受託した場合、契約書の中で両法人の業務を書き分けたとしても、クライアント側では、特に区別はせず、本件コンサル業務を両法人に一括して委託したと認識する可能性があります。

　そうした認識を有するクライアントが、本件コンサル業務に関して何らかの法的責任追及を行う場合は、たとえミスをしたのがX株式会社とY税理士法人のどちらか一方であったとしても、両法人の連帯責任を主張してくるおそれがあります。

4　あるべき契約構成

　上記3で述べた点に鑑みれば、本件コンサル業務の受託に際して最も

適切な方式は、<u>X株式会社とY税理士法人が別個独立</u>に、かつ、<u>X－1業務、X－2業務、Y－1業務、Y－2業務という4つのカテゴリーごとに契約</u>する、すなわち<u>4種類の契約書を作成</u>することであると考えられます（次のイメージ図参照）。

＜イメージ図＞

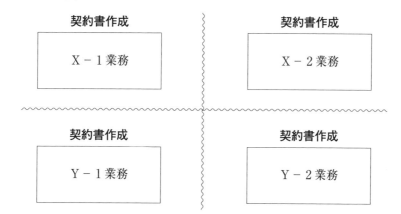

〈2〉　定義の先出し　〜契約書を読みやすくする〜

┃視　点┃

　契約書の文中では、（以下「〇〇」という。）等の括弧書を用いて略語等の定義を行うことがよくありますが、その数が多い場合や契約書が長文に及ぶ場合等には、定義の確認に際して該当する括弧書を探すのに骨が折れることもあります。

　そこで、本項では、**略語等の定義を先出しして契約書を読みやすくする方法**を紹介します。

1　先出しの形式（例）

　契約書において、略語等の定義を先出しする場合は、次に例示するような形式で行うのがよいと思います。

第1条（定義）

　本契約において、次の各号に掲げる用語の意義は、当該各号に定めるところによる。

　(1)　本件対象法人
　　　　〇〇を意味する。

　(2)　本件M&Aプラン
　　　　〇〇を意味する。

　(3)　本件DD資料
　　　　〇〇を意味する。

＜以下省略＞

2　表現方法

(1)　柱書について

　上記1の形式(例)では、法令の形式にならって、「本契約におい
て、次の各号に掲げる用語の意義は、当該各号に定めるところによ
る。」という堅苦しい表現を用いましたが、例えば、「本契約における
用語の定義は次のとおりとする。」などの平易な表現にしてもよいと
思います。

(2)　略語について

　基本的には、略語の表現方法は自由ですが、第2条以下の文中で埋
没してしまうと解釈ミスに繋がりかねないため、「本件○○○」等の
目立つ表現がよいと思います。

3　先出しのコツ

　上記1の形式(例)の書き方は、慣れていないと、なかなか難しいかも
しれません。

　その場合は、とりあえず「第1条（定義）」は度外視して契約書のド
ラフトを開始し、略語等の定義については、（以下「○○」という。）形
式で行っていった上で、最後に、その「○○」を「第1条（定義）」に
集約するという手順を踏むのがよいと思います。

4　混在の可否

　契約書の様式美に拘るのであれば、上記1の形式(例)のようなスタイルでいく場合には、第2条以下の文中では **(以下「○○」という。)** は一切用いないことになりますし、それを更に徹底するならば、前文中においても **(以下「甲」という。)** 等の表現はしないということになります。

　しかし、筆者個人としては、契約書は、様式美よりも読みやすさ・分かりやすさのほうが断然重要であると考えますので、その観点から必要ないし有益であれば、上記1の形式(例)のようなスタイルと **(以下「○○」という。)** を併用しても構わないと思います。

〈3〉 代表者の指定　～複数当事者を束ねる～

視 点

　契約当事者が複数いる場合（例：グループ企業、共有者、相続人などが共同で業務を委託する場合）には、そのうちの1名が代表者として相手方当事者との窓口を務めることが多いと思われますが、そのような運用に法的根拠がない場合には、事後に深刻なトラブルを招くおそれがあります。

　そこで、本項では、**複数当事者の代表者を定めておく契約条項**について、条項例をもとにポイントを解説します。

　なお、本項の解説は、契約の締結（契約書への記名・押印）は当事者全員で行うことを前提としています。

基本条項例

＊「甲ら」とは、甲1・甲2・甲3の総称を意味するものとします。

第●条（代表者）

1．甲らは甲1を<u>本契約における甲らの代表者に指定</u>する。

2．甲1の<u>代表権は、本契約に関する一切の事項に包括的に及ぶ</u>ものとする。

3．乙は、甲らの何れかから書面（ファクシミリを含む。）又は電子メールによる<u>別段の通知</u>を受けない限り、前2項に定める甲1の代表権に何らの変動がないものとして対応すれば足りる</u>ものとする。

$$\boxed{\text{ポイント}}$$

＊以下の記述では、基本条項例と同じく、「甲ら」とは、甲１・甲２・甲３
の総称を意味します。

1　なぜ根拠条項が必要なのか

　甲らと乙との契約において、甲１が、甲らの代表者として、乙との間
で様々な重要行為（例：協議、方針決定、通知やその受領、意思表示や
その受領、金員・物品の受領）を行った後で、甲２や甲３によって甲１
の権限が否定されてしまうと、乙（及び甲１）は窮地に陥ります。

　こうした事態を防ぐためには、甲らと乙との契約の中に、基本条項例
のような規定（甲１の代表権を明記した規定）を設けておくことが有効
です。

2　代表権についてどの程度規定すべきか

　基本条項例では、甲１の代表権について、「本契約に関する一切の事
項に包括的に及ぶものとする」と包括的・抽象的に規定していますが、
次に示すような形で、もっと個別的・具体的に規定する方法もあり得ま
す。

＜個別性・具体性を意識した規定例＞

　甲１の代表権は、第●条に定める報酬に係る請求書の受領、第●条に定
める実費等に係る請求書の受領、第●条に定める通知の受領、第●条に定
める報告の受領、第●条に定める承認、第●条に定める申出、第●条に定

める解約の通知又はその受領、第●条に定める報酬の清算に係る協議及び清算金の受領、第●条に定める返還物の受領、<u>その他本契約に関する一切の事項に包括的に及ぶものとする。</u>

3　代理人では駄目なのか

　甲2と甲3が甲1に代理権を授与する（甲1が甲2と甲3の代理人になる）という方法も可能ですが、甲1自身が契約当事者であることから、「代理人」よりも「代表者」のほうが自然であると思われます。

4　委任状等では駄目なのか

　契約書ではなく委任状等の別書面によって代表者及びその代表権を明らかにすることも可能ですが、契約書への記載のほうが一元性という点で優っていると考えられます。

〈4〉 代理人の指定　〜キーパーソンを契約に組み込む〜

視点

　高齢や多忙である契約当事者に代わって、その親族等が相手方当事者との窓口等を務めるという運用は実務上よく見受けられますが、そうした運用に法的根拠がない場合には、事後に深刻なトラブルを招くおそれがあります。

　そこで、本項では、**契約当事者の代理人を定めておく契約条項**について、条項例をもとにポイントを解説します。

　なお、本項の解説は、①契約当事者及び代理人がいずれも意思能力に問題のない成人であること、②契約の締結（契約書への記名・押印）は当事者本人が自ら行うことを前提としています。

基本条項例

＊甲とＸはいずれも意思能力に問題のない成人とします。

第●条（代理人）

１．甲はＸを本契約における甲の代理人に指定する。

２．Ｘの代理権は、本契約に関する一切の事項に包括的に及ぶものとする。

３．乙は、甲又はＸから書面（ファクシミリを含む。）又は電子メールによる別段の通知を受けない限り、前２項に定めるＸの代理権に何らの変動がないものとして対応すれば足りるものとする。

ポイント

＊以下の記述における「甲」「X」「乙」の関係性は基本条項例と同様です。

1　なぜ根拠条項が必要なのか

　乙が甲（例：高齢者）との間で契約を締結した上で、同契約に関する連絡・通知・協議・意思確認等のやり取りをX（例：甲の子）との間で行っていく場合、そのやり取りの効果を甲に及ぼすためには、Xが甲から代理権を授与されている必要があります（当然ながら、甲の子というだけでXが甲の代理権を有することにはなりません。）。

　そして、甲からXに対する代理権授与は口頭のみでは実務的に意味がなく、客観的証拠が必要不可欠ですが、その方法としては、契約の中に基本条項例のような規定（Xの代理権を明記した規定）を設けておくことが簡便です。

2　代理人は誰でもよいか

　一般論としては、代理の形式をとった法令違反行為（例：詐欺、弁護士法違反）の可能性も否定できないため、乙としては、「甲の授権行為がありさえすれば代理人は誰でもよい」というスタンスをとるべきではありません。

　代理人としての適格性はケースバイケースで実質的に判断すべきですが、代理人として認めやすいのは、基本的には次の何れかに該当する者であると思われます。

　(1)　契約当事者の配偶者

　(2)　契約当事者（高齢者）の子（成人）

⑶ 契約当事者（若年者）の親（非高齢者）

⑷ 前各号と同等の関係にある親族

⑸ 契約当事者（個人事業者）の使用人

※1 当該個人事業に密接に関連する契約であることが前提です。

※2 「使用人」の例としては、個人開設診療所の事務長が挙げられます。

⑹ 契約当事者から委任を受けた弁護士

3 代理権についてどの程度規定すべきか

この点については、代表権に関する解説（Ⅱ④〈3〉）が同様に妥当します。

4 委任状等では駄目なのか

この点については、代表権に関する解説（Ⅱ④〈3〉）が同様に妥当します。

ただし、弁護士が代理人となる場合は、委任状の方式をとるのが通常です。

5 契約書には代理人の記名・押印も必要か

契約書に基本条項例のような規定（代理人及びその代理権の根拠規定）を設ける場合は、代理人の承諾の事実を明らかにすべく、代理人の記名・押印も得ておいたほうがよいといえます。

6　意思能力を欠くケースにも対応できるか

　当事者が認知症等によって当該契約に必要な意思能力を欠いている場合は、契約の締結や代理権の授与を有効に行うことができないため、本項で解説したような代理方式を用いる余地はありません。

〈5〉 担当役員の指定　～法人の内部分裂等に備える～

視点

　契約当事者が法人である場合に、その担当役員等を契約で定めておく必要は原則としてありません。

　しかし、例えば、契約当事者が小規模・同族経営の法人であり、その窓口を専ら務めるのが代表権のない役員であるようなケースでは、事後のトラブルを防止するために、当該役員のポジションを契約中に明記しておくのが無難であると考えられます。

　そこで、本項では、**法人である契約当事者の担当役員を定める契約条項**について、条項例をもとにポイントを解説します。

　なお、本項の解説は、契約の締結（契約書への記名・押印）は代表者名義で行うことを前提としています。

基本条項例

＊下記の□□□には、事案に応じて、「取締役」「理事」等の肩書が入ります。

第●条（担当役員）

1．甲は、甲の□□□であるＸを、甲における本契約の担当役員に指定する。

2．乙は、本契約に関する甲との一切の連絡・協議等をＸとの間で行えば足りるものとする。ただし、乙の判断により、適宜、甲の代表者その他Ｘ以外の者に対する連絡を行うことを妨げない。

$$\boxed{ポ　イ　ン　ト}$$

1　なぜ根拠条項が必要なのか

　法人が契約当事者である場合に、代表権のない役員・従業員が相手方当事者との窓口を務めることも当然あり得ます。その場合、相手方当事者から見て、窓口たる役員・従業員の無権限や権限濫用等を疑うべき合理的事由（例：当該法人の名義ではない預金口座を金員の振込先として指定している）がない限り、後になって当該法人がそれらの者による行為の効果を覆すことは現実的に困難であるため、相手方当事者にとって高度の法的リスクがあるとは言えません。

　しかし、例えば、小規模・同族経営の法人（一般に、代表者自身が契約業務に携わることが多いといえます。）との間で重要な契約を締結する際に、その代表者が全く登場しない（非対面方式で調印する契約書に記名・押印がなされるのみ）というようなケースでは、トラブルの芽を出来るだけ摘んでおくという観点から、基本条項例のような規定（担当役員を明記する規定）を設けておくことが有用であるといえます。

2　権限についてどの程度規定すべきか

　担当役員は、元々、契約当事者たる法人の機関であるため、その権限を契約で規定する必要はないといえます。

　ただし、基本条項例第2項のような規定を設けておくのが無難であると考えられます。

3　担当役員も契約書への記名・押印を行うべきか

　担当役員は、元々、契約当事者たる法人の機関であるため、代表者の記名・押印に加えて担当役員の記名・押印まで行う必要はないといえます。

4　監査役等を担当役員にしてもよいか

　株式会社の監査役、一般社団法人の監事、医療法人の監事等は、業務執行を担う役員ではないため、契約の担当役員としては明らかに不適格であるといえます。

〈6〉　契約の経緯等の明記　〜ストーリーを保全する〜

視点

　契約の内容がイレギュラーである場合、特に、一方当事者にとって有利であることが客観的に明白な場合等には、**事後における法的クレーム（例：暴利行為、意思能力欠缺、詐欺、強迫、不法行為、説明義務違反などの主張）の発生リスク**が通常よりも高度であるといえます。

　したがって、こうした契約の締結は原則として避けるべきですが、例外的に、締結の必要性及び相当性が認められるケースもあり得ます。

　本項では、そのような例外的ケースにおいて、法的リスクを低減させるための方法を紹介します。

1　「ストーリー」の重要性

　民事訴訟において、原告と被告が真っ向から衝突して真剣勝負を行うケースでは、事実の存否・内容等が主要な争点となることが非常に多いといえます（巷間、民事訴訟では、判例・裁判例の探索＋適用合戦がメインであるかのような認識も散見されますが、それは正しくありません。）。

　そうした事実の存否・内容等を裁判所に認定してもらう際に非常に重要となるのが、当該事案のストーリー（例：当事者が、どのような経緯で契約書の取り交わしに至ったのか）であり、上記のような訴訟では、原告側・被告側がそれぞれのストーリーを激しくぶつけ合うことになり

ます。

　この「ストーリー」は、通常、様々な間接事実をかき集めて総合的に構築していくことになりますが（そうした作業が訴訟代理人弁護士の腕の見せ所の一つであるといえます。）、それが最初から契約書に記載されていれば、訴訟になった場合のアドバンテージはもちろん、法的紛争発生のリスク低減の効果も見込むことができます。

2　「ストーリー」条項の具体例その1（救済的売買の事案）

　売上減少に苦しむ甲が、古くからの取引先である乙に対し、「御社に有利な取引条件でよいから商品を追加購入してほしい」と執拗に懇願し、それを乙がしぶしぶ受け入れるケースを想定した条項例です。

第〇〇条（経緯等の確認）

　甲と乙は、次の内容を相互に確認する。

(1)　乙は、甲の度重なる懇願を受け入れ、甲の経営の救済という観点から、本件売買契約の締結に応じるものであること。

(2)　前号の経緯に鑑みて乙の負担を極力軽減すべく、前2条において、通常の売買契約よりも買主側に有利な取引条件を設定していること。

3　「ストーリー」条項の具体例その2（事業承継の事案）

　前代表取締役であり支配株主である甲が、現代表取締役である乙に対して、事業承継目的で株式を贈与するケースを想定した条項例です。

第○○条（付記事項）

　乙は、本件会社における<u>甲の後継者</u>というばかりではなく、本件会社の<u>創立者の孫</u>であり、かつ、<u>甲の妻の甥</u>でもある。さらに、乙は、<u>平素から甲と交流をもち、子のいない甲を親身にケア</u>している。甲は、<u>こうした乙との人間関係等に鑑み</u>、また、<u>70年以上にもわたり存続してきた本件会社の更なる発展を心から願って</u>、本契約を締結した次第である。

〈7〉 資料の確保と免責 ～ハイリスク要因を排除する～

視 点

　業務委託系の契約（例：コンサルティング契約、アドバイザリー契約、士業の委任契約）では、受託者が、委託者から様々な資料の提供を受け、それらの内容を前提に受託業務を履行するケースが少なくないと思います。

　こうしたケースにおいて、**委託者からの資料の提供が適時かつ適切になされない場合は業務の履行に重大な支障**が生じますし、また、**提供された資料の正確性等を受託者が逐一チェックしなければならないとすると、受託者の負担は明らかに過大となってしまいます**（そうしたチェック自体が受託業務に含まれている場合はもちろん別です。）。

　そこで、本項では、上記のようなケースにおける受託者の法的リスクの低減を図る条項について解説します。

1　想定ケース

　次の条項例を前提に、乙が、甲から「本件業務」を受託し、その履行のために、甲から「本件資料」の提供を受けるケースを想定します。

＜条項例＞

第1条（定義）
　本契約において、次の各号に掲げる用語の意義は、当該各号に定めるところによる。

(1)　対象法人

　　医療法人社団○○会（東京都○○区○○一丁目１番１号）を意味する。

(2)　本件業務

　　対象法人の事業再建を目的として同法人の実質的経営権を取得するためのＭ＆Ａスキームを考案した上で、各スキームの要件・効果・手続・留意点をまとめた書面を作成・提出し、その内容を口頭でレクチャーする業務を意味する。

(3)　本件資料

　　別表〔筆者注：ここでは省略〕記載の資料の総称を意味する。

＜以下省略＞

2　条　項　例

　上記１の想定ケースにおいて、「本件資料」に関する乙の法的リスクの低減を図る条項の例は次のとおりです。

＜条項例＞

第○条　（資料の提供等）

1．甲は、乙に対し、本件資料を乙の指定する期間内に無償で提供する。

2．乙は、甲から提供された本件資料に誤謬・不備等が存しないことを前提に本件業務を履行すれば足りるものとし、それらの内容の正確性等を精査する義務を負担しないものとする。

3．第１項の規定の不履行（不完全な履行を含む。）又は同規定に基づいて提供された本件資料の誤謬・不備等に起因する本件業務の遅滞・過誤

等に関して、乙は何らの責任を負担しないものとする。

3 ポイント

上記2の条項例のポイントは次のとおりです。

(1) 資料の確保

乙としては、「本件業務」の履行に不可欠な「本件資料」を適時かつ負担のない形で確保する必要があります。

そこで、甲に対して、「乙の指定する期間内」かつ「無償」という条件を課しています。

なお、資料の提供期限を事前に確定できるケースでは、「乙の指定する期間内」を「○○年○月○日まで」とすることも合理的選択肢となります。

(2) 義務不存在の明示

委託者側では、その道のプロである受託者に関係資料を渡した場合、受託者がその内容を逐一精査している（or 精査すべきである）と考えがちですが、こうした認識は、受託者側にとっては極めて危険であるといえます。

そこで、乙として、「本件資料」の内容を逐一精査する義務などないことを明示すべく、「誤謬・不備等が存しないことを前提に本件業務を履行すれば足りる」「内容の正確性等を精査する義務を負担しない」と強調しています。

※「本件業務」の定義に「本件資料」の精査等は含まれていないというだけでは、法的ディフェンスとしては不十分と考えられます。

(3) 責任不存在の明示

　第1項及び第2項の規定内容に鑑みると、第3項の規定内容は法的に当然の帰結ともいえますが、甲に対する抑止力という観点も踏まえ、敢えて、「○○に起因する本件業務の遅滞・過誤等に関して、乙は何らの責任を負担しない」と強調しています。

　業務委託系の契約（例：コンサルティング契約、アドバイザリー契約、士業の委任契約）の受託者は、善管注意義務を負担するプロとして過大な責任追及を受けがちであるため、性悪説的かつ悲観的なマインドで条項を練ることをお勧めします。

〈8〉 リスクや不利益要素等の事前説明
～攻撃材料を可及的に封じる～

視 点

　委任契約・準委任契約（例：コンサルティング契約、アドバイザリー契約、専門的な業務委託契約、士業の委任契約）においては、**委任者・委託者の希望どおりの結果が生じないという事態**も大いにあり得ます。

　そのような事態になった場合、受任者・受託者は、**結果に不満を抱く委任者・委託者からの責任追及にさらされるおそれ**があり、これは軽視できないリスクであるといえます。

　そこで、本項では、こうした責任追及の材料を可及的に封じておくための方法を紹介します。

1　事前説明の効果

　委任契約・準委任契約（例：コンサルティング契約、アドバイザリー契約、専門的な業務委託契約、士業の委任契約）の締結時までに、受任者・受託者が、委任者・委託者に対し、同契約に関して<u>想定され得るリスクや不利益要素等の説明</u>を行っておけば、受任者・受託者にとっての法的リスクをかなり低減することができます。

　すなわち、委任者・委託者としては、上記のような<u>リスクや不利益要素等の存在を承知のうえで契約を締結した</u>という形になるため、当該リスクや不利益要素等が現実化した場合に受任者・受託者の責任を追及することは容易でないといえます。

このことは、例えば、宅建業者の重要事項説明などを想起するとイメージを掴みやすいと思われます。

2　事前説明の効果に関する注意点

当然といえば当然ではありますが、上記1で述べた**事前説明は、受任者・受託者にとって万能の免責ツールではない**ことに注意が必要です。

例えば、M＆Aのアドバイザリー契約の締結に際して、「本件デューデリジェンスを実施したとしても、全ての重要リスクを網羅的に把握できるとは限らない」等の説明を行っていたとしても、重要リスクの把握漏れが**受託者のミス（善管注意義務違反等）**によるものであれば、**委託者の受託者に対する責任追及が阻害される**ことにはなりません。

すなわち、上記1で述べた事前説明は、あくまでも、結果論的な観点や説明義務違反的な観点等からの責任追及の防止に資するものであって、受任者・受託者が負う**義務のレベルを低下させてくれるものではありません**。

3　事前説明の方法

⑴　説明書面の交付

リスクや不利益要素等を明記した説明書面を2部（※一対一の契約の場合の部数です。）準備し、その記載内容を委任者・委託者に対して<u>口頭で明確に説明</u>した上で、うち1部はそのまま委任者・委託者に交付し、残りの1部は、<u>説明済みの証となる署名（記名）・押印</u>を委任者・委託者から取り付けた上で受任者・受託者が保管しておきます。

なお、後者の書面については、委任者・委託者の署名（記名）・押印の趣旨が明らかとなるように、末尾を次に例示するような形式にす

るのがよいと思います。

＜省略＞

－ －

　当社は、本日、確かに、貴社から<u>上記の説明を受け、その内容を全て理解・承諾</u>しました。

令和○年○○月○○日

○○○○株式会社

代表取締役　　○○　○○　　印

⑵　契約書への盛り込み

　上記⑴で紹介した説明書面の交付よりも簡略な方法として、契約書の中に次に例示するような条項を盛り込むことが考えられます。

第○条（承認事項）

　甲は、<u>本契約の締結に際して、少なくとも次の内容を予め承認</u>する。

⑴　○○○○とは限らないこと。

⑵　○○○○の可能性があること。

⑶　○○○○を保証・約束等するものではないこと。

＜以下省略＞

〈9〉 当事者の責任範囲等の明記
～相手方の自己責任領域を明確にする～

視　点

　委任契約・準委任契約（例：コンサルティング契約、アドバイザリー契約、専門的な業務委託契約、士業の委任契約）においては、**委任者・委託者が受任者・受託者の業務範囲を過大に捉える（過度に依存する）傾向**があるといえ、このことは、受任者・受託者にとって大きなリスク要因となります。

　こうしたリスクの低減を図るための措置は、一義的には、受任業務・受託業務を明確化することですが（I②〈2〉参照）、それだけでは心もとないというケースもあり得ます。

　そのようなケースにおける更なるリスク低減措置として、本項では、**委任者・委託者の自己責任領域を明らかにする条項**について解説します。

1　想定ケース

　例えば、M＆A等のアドバイザリー業務や経営改善等のコンサルティング業務などを実施する場合には、当該案件の全領域をカバーするような専門家チームを組成して完全ワンストップ体制で業務を受託するケースでない限り、委託者側の自己責任による処理（例：自力での処理、他分野の専門家に対する依頼）が必要な領域が少なからず存在するのが通常であると思います。

　このような領域を契約書の中で明らかにしておくことは、委託者側と

受託者側の協働に役立つとともに、受託者側にとっては効果的なリスク低減策となります。

2　条　項　例

上記1で述べた自己責任領域を明らかにするための条項として、例えば、次のようなものが考えられます。

第○条（契約の前提）

甲と乙は、<u>次の各号に掲げる甲に関する事項が、全て甲の責任において適正に行われること（これらの事項について乙は何らの義務・責任を負担しないこと）</u>が本契約の前提であることを相互に確認する。

(1)　定款その他の内部規定の特定および解釈

(2)　株主及び各株主の保有株式数の特定

(3)　○○○○の前提となる事実の特定

(4)　○○○○に関するコンセンサスの形成

(5)　本契約の締結・実行に必要な機関決定その他の内部手続

<以下省略>

3　留　意　点

上記2で例示したような条項は、「乙」側の法的リスクの低減という観点から非常に有益であるといえますが、その内容については、限度を弁えることが重要です。

すなわち、「甲」側の自己責任領域の設定が過大である場合等には、裁判所から縮小解釈や一部無効等の判断をされるおそれがありますし、

企業としての姿勢を相手方に疑われてしまう可能性もあります。

　他の責任軽減条項にも共通する話ですが、自社の法的責任の減免を図る条項を設ける場合には、その内容や程度をほどほどに抑えておくことが肝要です（Ⅱ②〈3〉参照）。

〈10〉 守秘義務の解除
～リスクの低減と業務の効率化を図る～

視点

　契約書に秘密保持義務が明記されている場合はもちろん、そうでは
ない場合であっても、法令上（例：士業、宅建業）、あるいは、解釈
上（例：委任ないし準委任）、契約当事者の一方が相手方に対して守
秘義務を負うケースは珍しくありません。こうしたケースでは、**守秘
義務を負う当事者は、自社のビジネスパートナーや相手方の関係者と
の協働などに際しても、相手方の秘密情報を提供するには、原則とし
て、逐一、相手方の承諾を得る必要**があるということになってしまい
ます。

　このようにリスキーかつ非効率な状況を回避するための方策とし
て、本項では、契約書の中で守秘義務を予め解除しておく方法を紹介
します。

1　契約書に秘密保持条項が存在する場合

　例えば、秘密保持条項の中に次のような規定を設けることが考えられ
ます。

第○条（秘密保持）

1．＜省略＞

2．前項の規定にかかわらず、乙は、次の場合には、甲の同意を得ること
　なく秘密情報を開示ないし提供することができる。

(1) 税理士法人○○会計（東京都○○区○○）に開示ないし提供する場合

(2) 有限会社○○○○○○サポート（東京都○○区○○）に開示ないし提供する場合

<以下省略>

2　契約書に秘密保持条項が存在しない場合

例えば、契約書の中に次のような条項を設けることが考えられます。

なお、この条項は目立たせる必要があるため、設ける箇所は、契約書の末尾あたりがよいと思います。

第○○条（守秘義務の解除）

1．甲は、乙に対し、次の者との関係では、本契約および本件業務に係る守秘義務を全部解除する。

(1) 税理士法人○○経営（東京都○○区○○）

(2) 株式会社○○○○総合センター（東京都○○区○○）

2．甲は、乙に対して書面で事前に通知することにより、前項の規定の全部又は一部を失効させることができる。

〈11〉 契約の拘束範囲の拡張　～契約の潜脱を抑止する～

┌─ 視 点 ─┐

　契約当事者だけが契約上の義務を負担するのが原則であるため、特に、多数の利害関係者（例：役員、従業員、関連会社）が存在する企業間の契約では、契約の潜脱が生じる可能性があります（Ⅰ①〈3〉参照）。

　そこで、本項では、次の契約例を題材に、こうした潜脱行為を可及的に抑止するための工夫について解説します。

＜契約例＞

1　誓約書の徴求

　上記の契約例において、X社としては、Y社の役員全員（※徹底する場合は、従業員や関連会社も対象）から、<u>「○○○○契約上の義務違反に該当する行為は、方法の如何を問わず一切行わない」という趣旨の誓約を明記した書面</u>を徴求しておけば、それらの者を契約当事者に加えた場合と概ね同等の効果を得ることが期待できます。

　ただし、この方法をとる場合（特に、取締役のみならず従業員や関連会社も対象とする場合）は、多大な手間と負担を強いられることになる

ため、実務で使用可能なケースは限られると思われます。

2　指導・監督義務の設定

　上記の契約例において、Y社が、自社の取締役・従業員（※徹底する場合は子会社等も対象）に対する指導・監督義務（自社の取締役・従業員等が契約上の義務違反に該当する行為をしないように指導・監督すべき義務）を負担するという趣旨の条項を設けておけば、それらの者が義務違反該当行為を行った場合には、指導・監督を懈怠したY社は債務不履行責任を負うことになります。

　ただし、この債務不履行責任は、あくまでも、契約上の指導・監督義務の懈怠を根拠とするものであって、結果責任ではないことに留意が必要です。

3　即時解除権の留保

　上記の契約例において、Y社の取締役・従業員（※徹底する場合は関連会社も対象）が契約上の義務違反に該当する行為を行ったことをX社にとっての即時解除事由としておけば、かなりの抑止効果を得られるとともに、万一の場合には、即時に契約関係を解消することが可能となります。

　この方法は、契約条項作成の難易度が比較的低く、実務上用いやすいのではないかと思われます。

契約法務に必須の
会社法知識

1 取締役の利益相反取引

〈1〉 ルールの概要

視 点

　中小企業（特に同族企業）では、利益相反取引に該当する契約を、会社法上のルールを一切顧慮せずに締結しているケースが珍しくありません。

　こうしたケースでは、当該**契約の効力が事後に否定**されたり、**取締役等の法的責任が問題**とされるリスクがあるため、利益相反取引に関する知識は、契約法務において非常に重要であるといえます。

　そこで、本項では、まず、**利益相反取引に係る会社法上のルールの概要**を解説します。

1 利益相反取引の意義

(1) 利益相反取引の概要

　①取締役が**自己又は第三者のために行う株式会社との取引**及び②株式会社が**取締役以外の者との間**で行う株式会社と取締役の利益が相反する取引が利益相反取引に該当します（会社法356①二、三）。

　上記①は「**直接取引**」、上記②は「**間接取引**」と呼ばれますが、それぞれの具体的な態様等については、項を改めて図解します。

(2) 「取引」の意義

一般に、「取引」というと、売買契約や業務委託契約等のイメージが強いかもしれませんが、利益相反「取引」には各種の**契約**が広く含まれ得ます（本質的な問題は、契約の類型ではなく、会社と取締役との間の利益相反の有無です。）。

また、利益相反「取引」には、契約だけではなく、**単独行為**（例：会社による取締役の債務免除）も含まれ得ます。

2 利益相反取引の手続的規制

(1) 株主総会又は取締役会の承認

ア 原則

取締役は、利益相反取引をしようとするときは、**株主総会**（※取締役会設置会社の場合は取締役会）において、当該取引について重要な事実を開示した上で、その承認を受けなければなりません（会社法356①、365①）。

イ 例外

(ア) 利益相反取引に該当しても、**抽象的・類型的に見て会社に損害が生じ得ないケース**（例：普通取引約款に基づく取引、債務の履行、取締役から会社に対する無利息・無担保での貸付）では、上記アの承認は不要と解するのが一般的です。

(イ) **会社とその100％株主との取引や、株主全員の同意がある取引**については、株主の利益保護の考慮が不要なことを理由に、上記アの承認は不要と解する見解が実務上有力であると思われます。

ウ 備考

上記アの承認は事前承認であることが前提ですが、事後承認でも許容されるケースはあり得ると考えられます。

　したがって、取引の実行後に利益相反取引該当性に気付いた場合でも、諦めることなく、事後承認を得るための手続を即時に進めるべきです。

(2)　取締役会への報告 （※取締役会設置会社の場合）

　取締役会設置会社においては、利益相反取引をした取締役は、当該取引後、遅滞なく、当該取引についての重要な事実を取締役会に報告しなければなりません（会社法365②）。

〈2〉 直接取引の態様

視 点

　前項の「〈1〉ルールの概要」で述べたとおり、「直接取引」とは、取締役が自己 or 第三者のために行う株式会社との取引を意味しますが、法律専門家以外の方がその態様を具体的にイメージするのは、なかなか難しいのではないかと思われます。

　そこで、本項では、**直接取引の代表的なケースを図解**します。

※以下の図は全て取締役会設置会社を前提にしていますが、非設置会社の場合も同様です。

1　本人が取引するケース

　取締役本人が会社と取引を行うケースであり、最も典型的な直接取引です。

＜取締役本人が会社と取引＞

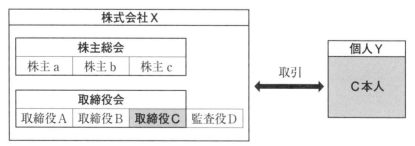

2　代理人として取引するケース

　取締役が第三者（個人）の代理人として会社と取引を行うケースであり、「第三者のため」（会社法356①二）の直接取引に該当します。

＜取締役が代理人として会社と取引＞

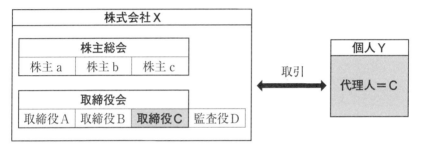

3　代表者として取引するケース

　取締役が第三者（法人）の代表者として会社と取引を行うケースであり、「第三者のため」（会社法356①二）の直接取引に該当します。

　※1　実務上、特に注意を要するパターンであるといえます。

　※2　YをC以外の者が代表する場合は、利益相反取引該当性が否定され得ます。

＜取締役が代表者として会社と取引＞

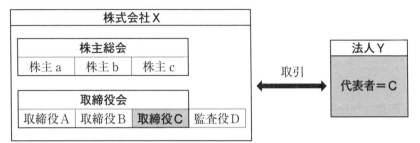

〈3〉 間接取引の態様

視点

「〈1〉ルールの概要」で述べたとおり、「間接取引」とは、株式会社が取締役以外の者との間で行う株式会社と取締役の利益が相反する取引を意味しますが、法律専門家以外の方がその態様を具体的にイメージするのは、なかなか難しいのではないかと思われます。

そこで、本項では、**間接取引の代表的なケースを図解**します。

※以下の図は全て取締役会設置会社を前提にしていますが、非設置会社の場合も同様です。

1　本人のために保証等を行うケース

会社が取締役本人の債務について保証・債務引受・物上保証等を行うケースであり、最も典型的な間接取引です。

＜取締役本人のための保証等＞

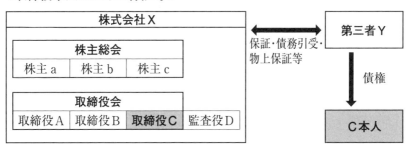

2　代表する法人のために保証等を行うケース

　会社が、取締役が代表する法人の債務について保証・債務引受・物上保証等を行うケースであり、間接取引の一類型であるといえます。

＜取締役が代表する法人のための保証等＞

3　実質的に所有する法人のために保証等を行うケース

　会社が、取締役が実質的に所有（最高意思決定機関における議決権を100％保有）する法人の債務について保証・債務引受・物上保証等を行うケースであり、間接取引の一類型であるといえます。

＜取締役が実質的に所有する法人のための保証等＞

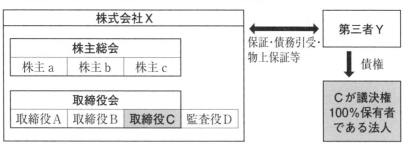

4　実質的に所有する法人と取引を行うケース

　会社が、取締役が実質的に所有（最高意思決定機関における議決権を100％保有）する法人と取引を行うケースであり、間接取引の一類型であるといえます。

　※この形態については、直接取引に該当するとの見解もあります。

＜取締役が実質的に所有する法人と取引＞

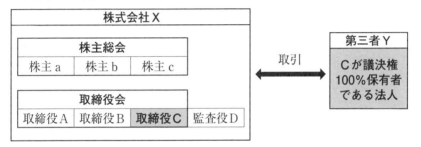

〈4〉 グレイゾーン（保証等タイプ）

視 点

　利益相反取引であるとの断定までは出来ないものの、その該当性を強く疑うべきケースが相当数あります。

　本項では、そのようなグレイゾーンのうち、保証等タイプについて図解します。

※以下の図は全て取締役会設置会社を前提にしていますが、非設置会社の場合も同様です。

1 配偶者のために保証等を行うケース

　会社が取締役の配偶者の債務について保証・債務引受・物上保証等を行うケースであり、間接取引に該当する可能性があるため、利益相反取引と同様に捉えるのが適切であると考えられます。

＜取締役の配偶者のための保証等＞

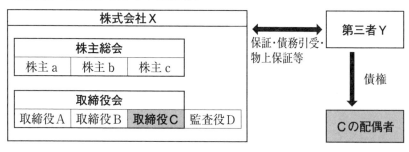

2 配偶者が実質的に所有する法人のために保証等を行うケース

　会社が、取締役の配偶者が実質的に所有（最高意思決定機関における
議決権を100％保有）する法人の債務について保証・債務引受・物上保
証等を行うケースであり、**間接取引に該当する可能性**があるため、利益
相反取引と同様に捉えるのが適切であると考えられます。

＜取締役の配偶者が実質的に所有する法人のための保証等＞

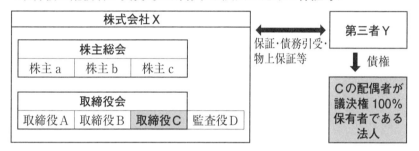

3 実質的に支配する法人のために保証等を行うケース

　会社が、取締役が実質的に支配（最高意思決定機関における議決権を
50％超保有）する法人の債務について保証・債務引受・物上保証等を行
うケースであり、**間接取引に該当する可能性**があるため、利益相反取引
と同様に捉えるのが適切であると考えられます。

＜取締役が実質的に支配する法人のための保証等＞

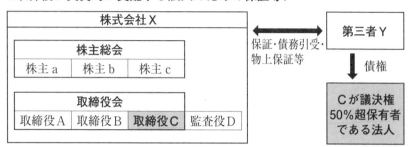

〈5〉 グレイゾーン（直接取引類似タイプ）

> ┤視 点├
>
> 　利益相反取引であるとの断定までは出来ないものの、その該当性を強く疑うべきケースが相当数あります。
>
> 　本項では、そのようなグレイゾーンのうち、直接取引**類似**タイプについて図解します。

※以下の図は全て取締役会設置会社を前提にしていますが、非設置会社の場合も同様です。

1　配偶者と取引を行うケース

　会社が取締役の配偶者と取引を行うケースであり、**間接取引に該当する可能性**があるため、利益相反取引と同様に捉えるのが適切であると考えられます。

＜取締役の配偶者と取引＞

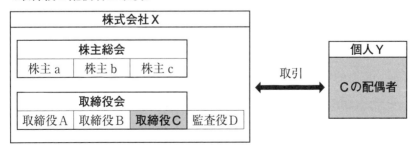

2　実質的に支配する法人と取引を行うケース

　会社が、取締役が実質的に支配（最高意思決定機関における議決権を50％超保有）する法人と取引を行うケースであり、**間接取引に該当する可能性**があるため、利益相反取引と同様に捉えるのが適切であると考えられます。

　※この形態については、直接取引に該当するとの見解もあり得ます。

＜取締役が実質的に支配する法人と取引＞

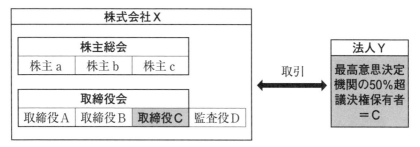

3　配偶者が実質的に所有する法人と取引を行うケース

　会社が、取締役の配偶者が実質的に所有（最高意思決定機関における議決権を100％保有）する法人と取引を行うケースであり、**間接取引に該当する可能性**があるため、利益相反取引と同様に捉えるのが適切であると考えられます。

＜取締役の配偶者が実質的に所有する法人と取引＞

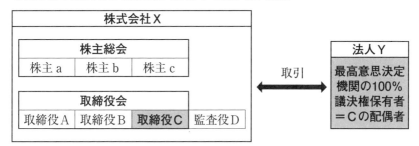

〈6〉 法的リスク

│視　点│

　利益相反取引については、その**手続的ルールに違反した場合はもち
ろんのこと、同ルール自体は遵守した場合であっても、高度の法的リ
スク**があります。

　そこで、本項では、利益相反取引に係る法的リスクについて概説し
ます。

1　取引の無効

　株主総会（※取締役会設置会社の場合は取締役会）の承認のない利益
相反取引は**無効**であるといわざるを得ません。

　ただし、第三者との関係では、当該第三者の**悪意（＝①利益相反取引
への該当性及び②株主総会ないし取締役会の承認の不存在を知っていた
こと）**を会社が立証できなければ無効をもって対抗できない（**相対的無
効**）と解するのが一般的です。

2　任務懈怠の推定

　利益相反取引によって会社に損害が生じたときは、次の取締役は、そ
の任務を怠ったものと推定されます（会社法423③）。

　※当該取引につき株主総会ないし取締役会の承認を得ていた場合でも同様
　　です。

① 　直接取引を行った取締役、又は、間接取引において会社と利益が相
　反する取締役

② 会社による当該取引の実行を決定した取締役
③ 当該取引に関する取締役会の承認決議に賛成した取締役
　※取締役会の決議に参加した取締役であって取締役会議事録に異議をとどめないものは、その決議に賛成したものと推定されること（会社法369⑤）に注意が必要です。

3　自己のために直接取引を行った取締役に関する特則

　自己のために直接取引を行った取締役については、次の特則が設けられています。このように、自己のための直接取引は、利益相反取引の中でも別格として取り扱われ、それを行った取締役は、非常に重い法的責任を負担することになります。

⑴　無過失責任

　自己のために直接取引を行った取締役は、会社の損害発生に関して自らに過失がないことを証明したとしても、会社に対する損害賠償責任を免れることができません（会社法428①）。
　※当該取引につき株主総会ないし取締役会の承認を得ていた場合でも同様です。

⑵　責任減免制度の不適用

　自己のために直接取引を行った取締役の会社に対する損害賠償責任については、責任限定契約などの責任軽減制度の適用がありません（会社法428②）。
　※当該取引につき株主総会ないし取締役会の承認を得ていた場合でも同様です。

〈7〉 外縁の法律問題（忠実義務）

┌─ 視 点 ─┐

　「利益相反取引に類似の要素はあるが、該当はしない」と判断することが可能なケースであっても、法的に問題がないわけではありません。

　そこで、本項では、**利益相反取引の外縁にある法律問題（忠実義務）** について概説します。

※以下の図は全て取締役会設置会社を前提にしていますが、非設置会社の場合も同様です。

1　外縁領域の例

　「利益相反取引に類似の要素はあるが、該当はしない」と判断することが可能なケースとしては、例えば次のようなものを挙げることができます。

　※ただし、これらのケースについても、利益相反取引に該当するとの解釈があり得ないと断じることはできません。

(1) 取締役の配偶者が代表者を務める法人と取引するケース

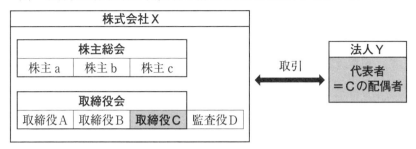

(2) 取締役の配偶者が代表者を務める法人のために保証等を行うケース

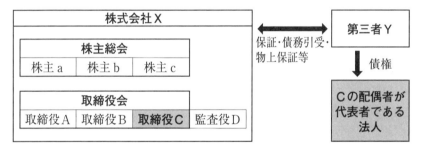

2 法律問題

(1) 取締役の忠実義務

　会社法355条は、「取締役は、法令及び定款並びに株主総会の決議を遵守し、株式会社のため忠実にその職務を行わなければならない。」と定めており、この規定による取締役の義務を「**忠実義務**」といいます。

　この忠実義務は、【**取締役が、その地位を利用して、会社の犠牲のもとに自己又は第三者の利益を図ってはならない義務**】として捉えるのが実務上は分かりやすいと思いますが、理論上は、取締役の善管注

意義務（会社法330・民法644）とは別個独立の義務ではなく、その一種という位置づけになります。

(2) 忠実義務違反となり得るケース

ア 例えば、上記1⑴のケース（取締役の配偶者が代表者を務める法人と取引するケース）において、取引条件が株式会社Ｘにとって明らかに不利な場合に、取締役Ｃについて、①株式会社Ｘを代表して当該取引を行っている、②当該取引条件の決定に強く関与しているなどの事情があれば、取締役Ｃの忠実義務違反が問題となり得ます。

イ また、上記1⑵のケース（取締役の配偶者が代表者を務める法人のために保証等を行うケース）において、取締役Ｃにつき、①株式会社Ｘを代表して当該保証等を行っている、②当該保証等の実行に強く関与しているなどの事情があれば、取締役Ｃの忠実義務違反が問題となり得ます。

(3) 忠実義務違反の場合の法的責任

忠実義務に違反した取締役は、会社に対し、当該違反によって会社に生じた損害を賠償する責任を負います（会社法423①）。

したがって、上記⑵のようなケース（取締役Ｃの忠実義務違反が問題となり得るケース）で、株式会社Ｘに実損が生じた場合（例：不利な取引条件により明らかに過大な金額の支払いを余儀なくされた場合、保証債務の履行を余儀なくされた場合）には、取締役Ｃが株式会社Ｘに対して損害賠償責任を負担する可能性があります。

(4) 備考

上記1⑴⑵のケースで、取締役Ｃが株式会社Ｘを代表して当該取引

等を行っている場合は、Cによる代表権の濫用という問題が生じる可能性もあります（Ⅲ4〈2〉参照）。

2 取締役の競業取引

〈1〉 ルールの概要

> **視 点**
>
> 　中小企業においても、取締役が他社の代表取締役を兼務していることなどはそう珍しくなく、取締役の競業が問題になるケースは十分にあり得ると思われます。
>
> 　そこで、本項では、まず、**取締役の競業に係る会社法上のルールの概要**を解説します。

1　競業の意義

⑴　競業の概要

　競業とは、「株式会社の事業の部類に属する取引」のことであり（会社法356①一）、**会社の事業と商品・サービス等及び市場が競合する取引**を意味します。

　会社の定款に記載されていても、現在全く行われていない事業に属する取引は該当しませんが、例えば、会社が進出を狙って市場調査等を進めていたエリアにおける同一商品の販売等も競業になる可能性があることに注意が必要です。

⑵　「自己又は第三者のために」の意義

　会社法の規制対象となる競業は、取締役が自己又は第三者のために行うものですが（会社法356①一）、ここにいう「自己又は第三者のために」とは、「**自己又は第三者の計算において（自己又は第三者が実質的な損益の帰属主体となって）**」を意味するとの解釈が有力です。

　したがって、例えば、取締役が会社の知名度を利用しつつ自身が経営する別会社の計算において行う事業等も規制対象に含まれ得ることになります。

2　競業の手続的規制

⑴　株主総会又は取締役会の承認

ア　原　　則

　取締役は、競業に該当する取引をしようとするときは、**株主総会**（※取締役会設置会社の場合は取締役会）において、当該取引につき重要な事実を開示した上で、その承認を受けなければなりません（会社法356①、365①）。

イ　例　　外

　取締役の競業の舞台が当該会社の**完全子会社又は完全親会社**である場合（例：取締役が完全子会社の代表取締役を兼務する場合）には、実質的な利害対立のおそれがないため、上記**ア**の承認は要しないと考えるのが一般的であると思われます。

ウ　備　　考

　上記**ア**の承認については、事後承認が法的に許容される可能性は極めて低いと考えられます。

　ただし、事後承認であっても無承認よりはマシなはずですので、事前承認の機会を逸してしまった場合には、可及的早期の事

後承認取得に向けて最大限努力すべきであるといえます。

(2)　取締役会への報告（※取締役会設置会社の場合）

　取締役会設置会社においては、競業に該当する取引をした取締役は、その取引後、遅滞なく、当該取引についての重要な事実を取締役会に報告しなければなりません（会社法365②）。

〈2〉 競業の態様

視 点

　競業については、利益相反取引に比べると、法律専門家以外の方でも態様を具体的にイメージしやすいと思われますが、念のため、本項では、**競業の代表的なケースを図解**します。

※以下の図は全て取締役会設置会社を前提にしていますが、非設置会社の場合も同様です。

1　取締役個人が主体となるケース

　取締役が個人事業として競業を行うケースです。

<**取締役個人が競業**>

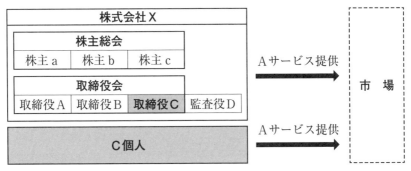

2　取締役が代表者を務める法人が主体となるケース

取締役が代表者を務める法人が競業を行うケースです。

＜取締役が代表者を務める法人が競業＞

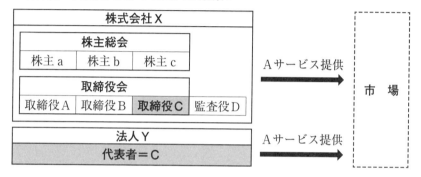

3　取締役が「事実上の主宰者」である法人が主体となるケース

取締役が「**事実上の主宰者**」である法人の競業についても会社法の規制対象とした有名な裁判例があることから、実務上、このパターンも競業に含まれると考えておくべきです。

なお、「事実上の主宰者」の意義は明確とはいえませんが、例えば、ある株式会社の株式の100％又は50％超（配偶者と子を合わせると100％）を保有しており、かつ、「オーナー」「社主」等の立場で同社の経営上の重要事項を決定しているような者は、たとえ法的な代表権は有していなくても、「事実上の主宰者」に該当する可能性が高いと考えられます。

＜取締役が「事実上の主宰者」である法人が競業＞

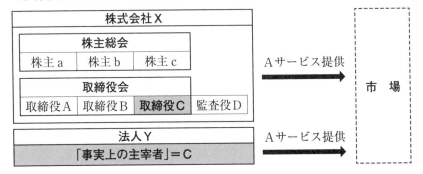

〈3〉 法的リスク

視 点

　取締役の競業については、その手続的ルールに違反した場合は勿論のこと、同ルール自体は遵守した場合であっても、法的リスクがあります。

　そこで、本項では、**取締役の競業に係る法的リスク**について概説します。

1　承認を受けない競業における損害賠償責任

　取締役が株主総会ないし取締役会の承認を得ることなく競業取引を行った場合には、**当該取引によって取締役又は第三者が得た利益の額＝会社が被った損害額**と推定されます（会社法423②）。

2　承認を受けた競業における損害賠償責任

　取締役が、競業について株主総会ないし取締役会の承認を得たとしても、取締役の会社に対する法的責任が完全に免除されるわけではなく、①当該競業に際して取締役に任務懈怠（善管注意義務違反等）があり、②その任務懈怠によって会社に損害が生じた場合には、取締役は会社に対する損害賠償責任（会社法423①）を負担することになります。

　すなわち、取締役は、競業に際して、株主総会ないし取締役会の承認を得ておきさえすれば何をやっても良いということにはならず、常に、会社に対する善管注意義務・忠実義務の遵守を求められます。

　したがって、例えば、取締役が、株主総会ないし取締役会の承認を得て競業を行う過程で会社の取引先を奪取する等の挙動に出た場合には、善管注意義務・忠実義務違反として会社に対する損害賠償責任（会社法423①）を負う可能性があります。

〈4〉 退任後の競業

| 視　点 |

　中小企業においては、取締役の退任後の競業が問題となるケースが多いように感じられます。

　そこで、本項では、**取締役の退任後の競業に関する考え方**を概説します。

1　問題となるケース

　中小企業において取締役の退任後の競業が問題となるケースとしては、例えば次のようなものが考えられます。

- 退任した取締役がライバル企業の取締役に就任するケース
- 退任した取締役が、サービス内容及び市場が競合する事業を行う会社を設立するケース
- 退任した取締役が、個人事業主として、サービス内容及び市場が競合する事業を行うケース

2　原　　則

　会社法上の競業規制はあくまでも在任中の取締役を対象とするものであり、取締役の**退任後の競業は原則として自由**です。

　これは、取締役の職業選択の自由という観点からも当然の帰結であるといえます。

3　例　　外

　会社と取締役との間で、**退任後の競業を禁止ないし制限する旨の特約**が締結されることがあります。

　こうした特約は、取締役の職業選択の自由の制限に繋がるものであるため、無条件に法的効力が肯定されるわけではなく、①当該取締役の社内での地位、②営業秘密の保持や得意先の維持等の必要性、③競業が禁止 or 制限される地域や期間、④競業の禁止又は制限に対する代償措置（見返り）などの諸要素を総合的に考慮し、必要性・相当性が認められる限りにおいて有効とされることになります。

　なお、取締役の退任に際し、会社が慌てて競業禁止の覚書等に署名・押印をさせようとするケースが散見されますが、取締役（特に、退任後の競業的行為を予定している取締役）がそれに応じる可能性は低いでしょうし、そのような駆け込み的な手法は法的評価も芳しくないと思われます。したがって、そうした文書を取り交わしておきたいのであれば、取締役の就任時等に行うべきであるといえます。

4　留　意　点

　退任後の競業が法的に禁じられない場合でも、退任した取締役は何をやっても良いというわけではありません。

　例えば、営業秘密の持ち出しや利用が不正競争防止法違反や不法行為等に該当するケースはあり得ますので、取締役も会社も留意が必要です。

3 取締役会設置会社の重要取引

〈1〉 ルールの概要

> **視 点**
>
> 　取締役会設置会社の場合、**一定の取引については取締役会での決定を要する（代表取締役等の一存で行うことはできない）**旨の会社法上のルールがあります。
>
> 　中小企業にも取締役会設置会社は珍しくありませんが、上記のルールはそれほど意識されていないように思われます。
>
> 　そこで、本項では、まず、上記のルールの概要について解説します。

1　取締役会設置会社の識別

　会社法2条7号によれば、「取締役会設置会社」とは、「取締役会を置く株式会社又はこの法律の規定により取締役会を置かなければならない株式会社」を意味します。

　ある会社が取締役会設置会社か否かを外部から識別するには、登記を確認するのが最も簡明です。

2　会社法の規定

　一定の取引については取締役会での決定を要する（代表取締役等の一

存で行うことはできない）という会社法上のルールを把握するには、該当する条文自体を見るのが分かりやすいと思いますので、以下に、会社法362条4項を抜粋します。

　＊1　取引に関係のない部分は割愛します。

　＊2　太字は筆者によるものです。

　4　取締役会は、次に掲げる事項その他の**重要な業務執行**の決定を取締役
　　に委任することができない。
　一　**重要な財産の処分**及び**譲受け**
　二　**多額の借財**
　＜以下省略＞

3　ルールの意味

　上記2の会社法の規定は、取引との関係では、①重要な財産の処分、②重要な財産の譲受け、③多額の借財、④それらと同等の重要な取引に関する決定は、必ず、法定の要件（会社法369①②等）を満たした**取締役会の決議**をもって行わなければならないことを意味します。

　取締役会自身が正式な手続（決議）で決定することが必要であり、例えば、「代表取締役に一任」等の措置は許されないことに注意が必要です。

　　※株主全員の同意がある場合には取締役会決議の欠缺が治癒される（同決議の不存在が法的に不問に付される）等の例外論はありますが、ここでは立ち入りません。

〈2〉 ルールの適用範囲

視 点

　前項の「〈1〉ルールの概要」で見たとおり、①**重要**な財産の処分、②**重要**な財産の譲受け、③**多額**の借財、④それらと同等の**重要**な取引に関する決定は、取締役会の決議をもって行わなければなりませんが、このルールの適用範囲は、「重要」「多額」の解釈によって定まることになります。

　そこで、本項では、**「重要」「多額」の解釈**について概説します。

1　「重要」の解釈

　「重要」であるか否かは、取引対象となる財産の価額や会社の総資産に占める割合、当該財産の保有目的、取引行為の態様、会社における従来の取扱い等の事情を総合的に考慮して判断されることになります。

　これは、「重要」であるか否かは会社によって異なることを意味し、結局のところ、「ケースバイケースで裁判所が判断する」というに等しく、実務において取締役会決議の要否を判断する際の確たる指針とはなり得ません。

　そこで、実務上の工夫として、**「重要」に該当するか否かの判断基準を予め取締役会決議で定めておく**（例：取得対価が〇〇円を超える場合は「重要」な財産の譲受けとみなす）ことが考えられます。もちろん、こうした定めによって裁判所の判断を拘束することはできませんが、それを裁判所が尊重してくれる可能性は相当あると思われます（特に、その定めが当該会社で歴史を有するものである場合）。

2 「多額」の解釈

「多額」であるか否かについても、考え方は基本的に上記1と同様であり、借財の金額や会社の総資産等に占める割合、借財の目的、会社における従来の取扱い等の事情を総合的に考慮して判断されることになります。

これも、上記1と同様、実務において取締役会決議の要否を判断する際の確たる指針とはなり得ませんので、実務上の工夫として、**「多額」に該当するか否かの判断基準を予め取締役会決議で定めておく**（例：借入額が○○円を超える場合または借入累積額が○○円を超えることになる場合は「多額」の借財とみなす）ことが考えられます。

3 実務上のスタンス

上記1及び2で述べた実務上の工夫（「重要」「多額」に該当するか否かの判断基準を予め取締役会決議で定めておく）を行うのがベストです。

こうした措置を講じていない場合には、**「疑わしきは取締役会決議」**というスタンス（「重要」「多額」に該当しないという確信がない限りは取締役決議を経るというスタンス）で臨まざるを得ないと思われます。

〈3〉　法的リスク

| 視 点 |

　取締役会の決議を要する取引（会社法362④）に関しては、特に、当該**取引の相手方にとって高度の法的リスク**があるといえます。

　そこで、本項では、こうした法的リスクについて概説します。

1　取引の無効

　取締役会の決議を要する取引（会社法362④）に際して取締役会決議が欠けていたとしても、当該取引は**原則として有効**ですが、当該取引の相手方が、①当該取引に取締役会決議が必要であったこと及び②その取締役会決議が不存在であったことを知っていた場合 or 知り得た場合（＝知らなかったことに過失が認められる場合）には無効であると考えるのが一般的です。

　これは、悪意の相手方のみならず、過失があるに過ぎない相手方も保護されないことを意味し、取締役会設置会社の取引の相手方にとってはかなり厳しい基準であるといえます。

2　相手方による調査の必要性

　上記1の基準を前提にすると、取締役会設置会社の取引の相手方は、無過失の立場になるためには、①当該取引が当該会社において「重要」「多額」に該当する＝取締役会決議を要するか否か、②要する場合には適正な取締役会決議がなされたか否か、について調査する必要があると

いうことになります。

　ただし、かかる調査義務を実際に課した裁判例は、取引の相手方が金融機関である場合にほぼ限られるようであるとの指摘があります（江頭憲治郎『株式会社法』（第7版）有斐閣　432頁）。

3　実務上の現実的措置（例）

　通常、中小企業同士の取引に際して、上記2で述べたような調査を本格的に実施することは困難でしょうから、現実的には、次に例示するような措置を講じることができれば及第なのではないかと思われます。

⑴　取締役会決議を行わないケース

　当該取引が当該会社において「重要」「多額」に該当しない＝取締役会決議を要しないことについての表明保証

　※理想的には、契約書だけではなく、取締役全員（および監査役全員）の連名による書面での表明保証

⑵　取締役会決議を行うケース

　①当該取引の実行を承認する旨の決議が明記された取締役会議事録（写）の提出及び②当該取締役会決議に関して一切瑕疵がない旨の表明保証

　※理想的には、契約書だけではなく、取締役全員（及び監査役全員）の連名による書面での表明保証

4 その他の取引上の問題

〈1〉 株主総会の承認（特別決議）を要する契約

視点

　株式会社が事業譲渡契約などを締結する場合には、原則として、株主総会の承認（特別決議）が必要になります。

　本項では、こうした**株主総会の承認（特別決議）を要する契約**について概説します。

　なお、「特別決議による承認が必要」との原則に対しては様々な例外がありますが、ここでは立ち入りません。

1　承認（特別決議）を要する契約の代表例

　株式会社の事業・経営基盤等に重大な影響を及ぼす契約を締結する際には、原則として株主総会の特別決議（会社法309②）による承認が必要になります。

　こうした契約の代表例（中小企業にとってもポピュラーと思われるもの）は次のとおりです。

• 事業譲渡契約
　→譲渡の対象が事業の全部または重要な一部である場合には、譲渡会社において、原則として株主総会の特別決議による承認が必要（会社法467①一、二）。
　→譲受の対象が他の会社の事業の全部である場合には、譲受会社にお

いて、原則として株主総会の特別決議による承認が必要（会社法467
①三）。

- 子会社株式（持分）の譲渡契約
  →譲渡会社において、株主総会の特別決議による承認が必要な場合あ
  り（会社法467①二の二）。
- 吸収合併契約
  →各当事会社において、原則として株主総会の特別決議による承認が
  必要（会社法783①、795①）。
- 吸収分割契約
  →各当事会社において、原則として株主総会の特別決議による承認が
  必要（会社法783①、795①）。

2 承認（特別決議）を欠いた場合の帰結

　株主総会の特別決議による承認が必要な契約について当該承認が欠け
ていた場合、当該契約は無効とされる可能性が高いと考えられます。
　この点、契約の相手方の保護を図る見解もありますが、取締役会決議
が欠けた場合（Ⅲ③〈3〉参照）とは異なり、実務上の準則には至ってい
ないと思われます。

〈2〉 代表権の濫用

| 視 点 |

　株式会社の代表取締役が、**自己又は第三者の利益を図る目的で、表面上・外観上は会社の代表者として取引**等を行った場合（代表権が濫用された場合）には、重大な法律問題が生じます。

　本項では、こうした法律問題について概説します。

1　想定ケース

　検討の素材として、下記のケース①及びケース②を想定します。

※以下の図はいずれも取締役会設置会社を前提にしていますが、非設置会社の場合も同様です。

＜ケース①＞

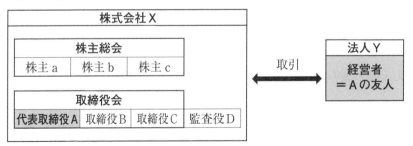

　※1　Aの目的は、Yに暴利を得させること。

　※2　取引内容はXにとって有害無益

＜ケース②＞

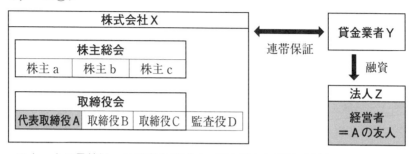

※1 Aの目的は、Zの資金調達ニーズを満たしてやること。

※2 ZはXとは無関係

2 損害賠償責任

ケース①においてもケース②においても、Aの行為は取締役の善管注意義務・忠実義務に違反していますので、Xに損害が発生した場合、AはXに対して当該損害を賠償する責任を負うことになります。

しかし、XがAから早期かつ確実に賠償金を回収できる保証は全くないため、Aの損害賠償責任だけではXの法的保護としては明らかに不十分です。

3 取引等の無効

ケース①においてもケース②においても、Aの代表権の濫用によってＸＹ間に発生してしまった取引関係の法的効力を否定することができれば、Xの法的保護として効果的です。

この点については、**YがAの目的を知っていた場合 or 知らないことに過失があった場合**は、ＸＹ間の取引関係は無効であると考えるのが一般的です。

　Ｙが悪意の場合のみならず、善意・有過失の場合にもＸの無効主張が通るという点で、Ｘの法的利益の保護が手厚いといえます。

4　備　　考

　代表権の濫用事例では、民事のみならず刑事の問題（特別背任の疑い等）が発生する可能性もあることに注意が必要です。

〈3〉 役員・株主の責任

> **視点**
>
> 取引において、株式会社が、契約上の重要な債務を履行しない or 契約上の重要な義務に違反しているにもかかわらず、その責任をとる意思・能力を全く有していないことが明らかな場合、取引の相手方としては、当該会社で当該**取引を主導した代表取締役や支配株主**などに**対して責任を追及**したいところです。
>
> そこで、本項では、そのような責任追及の可否について概説します。

1 原 則 論

⑴ 役員に対する責任追及

役員は、会社の債務について責任を負担すべき法的地位にはなく、そのことは、取引を主導した代表取締役等であっても異なりません。

したがって、取引の相手方からの責任追及は認められないのが原則です。

取引の相手方が、役員に対する責任追及を可能にしたいのであれば、予め**連帯保証**等をさせておく必要があります。

⑵ 株主に対する責任追及

株主は、有限責任しか負わないため、会社の債務について責任を負担すべき法的地位にはなく、そのことは支配株主等であっても異なりません。

　したがって、取引の相手方からの責任追及は認められないのが原則です。

　なお、**「有限責任」**とは、社団法人（例：株式会社）の構成員（例：株主）が、当該法人の債務について責任（構成員の固有財産によって弁済する責任）を負担しなくてもよい仕組みを意味し、**「無限責任」**とは、そうした責任を負担しなければならない仕組みを意味します。

2　例　外　論

(1)　役員に対する責任追及

ア　会社法上の対第三者責任

　役員は、その職務の執行について**悪意又は重大な過失**があったときは、それによって第三者に生じた損害を賠償する責任を負います（会社法429）。

　したがって、取引の相手方が、当該取引を主導した代表取締役などの悪意 or 重過失を主張・立証できる場合には、それら役員に対する責任追及が可能となります。

　ただし、悪意や重過失の立証は相当にハードルが高いといわざるを得ないうえ、損害との因果関係の立証も決して容易ではないため、奏功するケースはそれほど多くないのではないかと思われます。

イ　民法上の不法行為

　民法上の不法行為の場合は、加害者の過失の主張・立証でも足りるため、一見、上記**ア**よりもハードルが低そうに感じられますが、その過失は、第三者に対する加害について必要（ダイレクトな過失が必要）であると考えられることから、必ずしも上記**ア**より見込み

が高いとは言えないと思われます。

　また、民法上の不法行為は守備範囲が広範であり、濫用のおそれ
もあるためか、実務感覚としては、裁判官の目がかなり厳しい
（軽々には認めてもらえない）ように思われます。

(2)　株主に対する責任追及

ア　法人格否認の法理

　「法人格否認の法理」とは、特定の事案につき**会社の法人格の独
立性を否定**し、**会社とその背後の株主を同一視**して事案の衡平な解
決をはかる法理のことをいいます（江頭憲治郎『株式会社法』（第7
版）有斐閣　41頁）。

　この法理が認められれば、取引の相手方からの支配株主等に対す
る責任追及が可能となります。

　ただし、法人格否認の法理は、法人格の独立性や株主の有限責任
という根本原理の例外となるものですので、その適用が肯定される
ケースは非常に限定されると思われます。

イ　民法上の不法行為

　理論的には民法上の不法行為の守備範囲内といえますが、支配株
主等が当該取引に関してよほど積極的・能動的な行為をしていない
限り、加害についての故意や過失を主張・立証するのは難しいよう
に思われます。

5 重要書類等の開示

〈1〉 定 款

視点

本項では、株式会社の定款の開示について概説します。

1 意 義

　株式会社の定款は、株式会社の根本規範それ自体を意味するとともに、その根本規範が記載（又は記録）された書面（又は電磁的記録）を意味します。

　講学上は、前者を「実質的意義の定款」、後者を「形式的意義の定款」と呼びますが、実務上は、ここまで厳密な用語の使い分けがなされることは稀であると思われます。

2 取引上の開示のニーズ

　株式会社の取引相手の立場から見ると、当該取引に関する取締役会決議 or 株主総会決議の要否・手続的要件などを厳密にチェックしたい場合（Ⅲ③〈3〉、Ⅲ④〈1〉参照）や、当該会社のガバナンスの内容を把握したい場合等には、履歴事項全部証明書等の確認（Ⅱ③〈2〉参照）などでは足りないため、定款の開示を受けるニーズがあり得ます。

3 開示の方法

(1) 法定の開示

　株式会社は定款をその本店及び支店に備え置かなければなりません（会社法31①）。

　そして、株式会社の**株主**及び**債権者**は、当該会社の営業時間内は、いつでも、定款の閲覧やコピー等交付の請求を行うことができます（会社法31①）。

　したがって、株式会社の取引相手が当該会社の株主 or 債権者である場合には、当該会社の定款について、法定の開示請求権を有することになります。

　　※株式会社の**親会社社員（親会社の株主その他の社員）**も、その権利を行使するため必要があるときは、裁判所の許可を得て、上記と同様の請求をすることができます（会社法31③）。

(2) 任意の開示

　株式会社の取引相手が当該会社の株主や債権者等でない場合には、上記(1)の請求権はありません。

　この場合、定款の開示要請に対する諾否等は当該株式会社の任意であり、開示の有無・程度・方法等は、結局、両者のビジネス上の力関係によって決まることになります。

4 開示に際しての留意点

(1) 基準時

　株式会社の定款は、会社設立時に公証人の認証を受けることが必要であるものの（会社法30①）、会社設立後の定款変更については、特

定の業種（例：銀行、保険）を除き、外部機関の認証・認可等を要しません。

また、定款変更に際しては、変更後の定款の内容が記載（又は記録）された新たな書面（又は電磁的記録）を作成する法的義務もありません。

したがって、定款の開示に際しては、開示側も被開示側も、定款の基準時（＝どの時点で効力を有する定款なのかという点）に十分な注意を払う必要があります。

(2) 認証文言

定款の開示に際しては、その真正性（当該定款が本物であること）及び上記(1)の基準時を証するために、当該株式会社の代表取締役による認証文言を明記しておくことが、開示側にとっても被開示側にとっても適切であるといえます。

この認証文言については、役員変更登記申請等の添付書類等と同様、定款(写)の末尾に次のような記載をすればよいと思います。

＜認証文言(例)＞

上記は当社の現時点の定款に相違ありません。

　　令和○年○月○日

　　○○○○株式会社
　　代表取締役　○○○○　　印

〈2〉 株主名簿

視 点

本項では、株式会社の株主名簿の開示について概説します。

1 意 義

株式会社の株主名簿は、当該会社の株主に関する事項を記載 or 記録した名簿であり、会社法121条によって作成が義務づけられています。

株主名簿に記載又は記録すべき事項は会社法121条が明確に規定しており、各株式会社が内容を自由に決めてよいわけではありません。

※株主名簿には、会社法121条の規定事項の記載又は記録のほか、質権の登録（会社法148）、信託財産の表示（会社法154の2）等もなされます。

2 形 式

株主名簿は、その内容が法定の要件（上記1参照）を充足していれば、形式は問われませんし、電磁的記録による株主名簿も認められます。

なお、法人税申告書の別表二「同族会社の判定に関する明細書」を株主名簿とみなしている中小企業も散見されますが、同書面は、通常、会社法121条の要件を満たした「株主名簿」には該当しません。

3　取引上の開示のニーズ

実務上は、金融機関等でもない限り、取引相手の株式会社に株主名簿の開示を求めるケースは少ないと思われますが、例えば、①反社会的勢力への該当性調査等の一環、②企業秘密等の保護（取引相手の株主にライバル企業やその関係者が含まれていないことの確認）等の観点から、株主名簿の開示を受けるニーズがあり得ます。

4　開示の方法

⑴　法定の開示

株式会社は、株主名簿をその本店（株主名簿管理人がある場合にあっては、その営業所）に備え置かなければなりません（会社法125①）。

そして、株式会社の**株主**および**債権者**は、当該会社の営業時間内は、いつでも、理由を明らかにして、株主名簿の閲覧 or 謄写の請求を行うことができます（会社法125②）。

したがって、株式会社の取引相手が当該会社の株主や債権者である場合には、当該会社の株主名簿について、法定の開示請求権を有することになります。

ただし、こうした株主・債権者の請求については、株式会社の拒絶可能事由が法定されています（会社法125③）。

※株式会社の**親会社社員（親会社の株主その他の社員）**も、その権利を行使するため必要があるときは、裁判所の許可を得て、上記と同様の請求をすることができます（会社法125④）。

(2) 任意の開示

　株式会社の取引相手が当該会社の株主や債権者等でない場合には、上記(1)の請求権はありません。

　この場合、株主名簿の開示要請に対する諾否等は当該株式会社の任意であり、開示の有無・程度・方法等は、結局、両者のビジネス上の力関係によって決まることになります。

5　開示に際しての留意点

(1) 不存在可能性

　株主名簿については、定款とは異なり、会社設立時の公証人による認証等の制度が設けられていません。

　そのためもあってか、中小企業のなかには、株主名簿の作成義務（会社法121）や重要な法的機能（会社法130等）等のことを全く知らず、そもそも作成していないという会社が珍しくありません。

　したがって、株主名簿の場合は、「開示したくても開示のしようがない」という事態もあり得ることを念頭に置いておく必要があります。

(2) 基準時（※会社法124条の「基準日」とは意味が異なります。）

　株主名簿自体は存在していても、その書換（内容の更新）が長年にわたって実施されていないために現在の株主構成等が正確に反映されていないというケースもあり得ます。

　したがって、株主名簿の開示に際しては、開示側も被開示側も、株主名簿の基準時（＝どの時点の株主構成等を表した名簿なのかという点）に十分な注意を払う必要があります。

(3)　**認証文言**

　株主名簿の開示に際しては、その真正性（当該株主名簿が本物であること）及び上記(2)の基準時を証するために、当該株式会社の<u>代表取締役による認証文言</u>を明記しておくことが、開示側にとっても被開示側にとっても適切であるといえます。

　この認証文言は定款と同様であり、株主名簿(写)の下部に次のような記載をすればよいと思います。

＜認証文言(例)＞

　　上記は当社の現時点の株主名簿に相違ありません。

　　　令和○年○月○日

　　　○○○○株式会社

　　　代表取締役　　○○○○　　　印

〈3〉 株主総会議事録

視 点

本項では、株式会社の株主総会議事録の開示について概説します。

1 意　　義

　株式会社の株主総会議事録は、「株主総会の議事の経過の要領及びその結果」等の法定事項（会社法施行規則72③④）を記載 or 記録した議事録であり、会社法318条1項によって作成が義務づけられています。

　なお、株主総会議事録の記載に特別の法的効果が生ずるわけではなく、その位置づけは、専ら、株主総会決議の存在・内容等を証する証拠ということになります。

2 取引上の開示のニーズ

　株式会社の取引相手の立場から見ると、当該取引に関する株主総会決議の存在・内容等を確認したい場合（Ⅲ④〈1〉参照）に、株主総会議事録の開示を受けるニーズがあり得ます。

3 開示の方法

⑴ 法定の開示

　株式会社は、①株主総会の日から10年間、株主総会議事録を本店に備え置かなければならず、また、②株主総会の日から5年間、株主総

会議事録の写しを支店に備え置かなければなりません（会社法318条②
③。ただし、上記②については、株主総会議事録が電磁的記録をもって作
成されている場合の例外あり。）。

　そして、株式会社の**株主**および**債権者**は、株式会社の営業時間内
は、いつでも、その閲覧or謄写の請求を行うことができます（会社
法318④）。

　したがって、株式会社の取引相手が当該会社の株主or債権者であ
る場合には、当該会社の株主総会議事録について、法定の開示請求権
を有することになります。

　　※株式会社の**親会社社員（親会社の株主その他の社員）**も、<u>その権利を
　　行使するため必要があるとき</u>は、<u>裁判所の許可を得て</u>、上記と同様の
　　請求をすることができます（会社法318⑤）。

(2)　任意の開示

　株式会社の取引相手が当該会社の株主や債権者等でない場合には、
上記(1)の請求権はありません。

　この場合、株主総会議事録の開示要請に対する諾否等は当該株式会
社の任意であり、開示の有無・程度・方法等は、結局、両者のビジネ
ス上の力関係によって決まることになります。

〈4〉 取締役会議事録

| 視 点 |

　本項では、株式会社（※取締役会設置会社）の取締役会議事録の開示について概説します。

1 意 義

　株式会社（※取締役会設置会社）の取締役会議事録は、「取締役会の議事の経過の要領及びその結果」等の法定事項（会社法施行規則101③④）を記載 or 記録した議事録であり、会社法369条3項によって作成が義務づけられています。

　会社法369条5項は、「<u>取締役会の決議に参加した取締役であって第三項の議事録に異議をとどめないものは、その決議に賛成したものと推定する。</u>」と定めており、こうした特別の法的効果ゆえに、取締役会議事録については、当該取締役会に出席した取締役・監査役の署名 or 記名押印（議事録が電磁的記録をもって作成されている場合には、法務省令で定める署名 or 記名押印に代わる措置）が必要とされています（会社法369条③④）。

2 取引上の開示のニーズ

　株式会社（※取締役会設置会社）の取引相手の立場から見ると、当該取引に関する取締役会決議の存在・内容等を確認したい場合（Ⅲ③〈3〉参照）に、取締役会議事録の開示を受けるニーズがあり得ます。

3　開示の方法

(1)　法定の開示

　株式会社（※取締役会設置会社）は、取締役会の日から10年間、取締役会議事録を本店に備え置かなければなりません（会社法371①。取締役会決議の省略がなされた場合の関係書面 or 電磁的記録についても同様。）。

　そして、株式会社（※取締役会設置会社）の**株主**は、その権利を行使するため必要があるときは、当該会社の営業時間内は、いつでも（※監査役設置会社等については、「株式会社の営業時間内は、いつでも」ではなく、「裁判所の許可を得て」）、その閲覧 or 謄写の請求を行うことができます（会社法371②③）。

　したがって、株式会社（※取締役会設置会社）の取引相手が当該会社の株主である場合には、その権利行使のために必要があれば、当該会社の取締役会議事録について、法定の開示請求権を有することになります。

　ただし、上記の「その権利」とは、株主としての権利を意味すると解釈するのが自然ですので、取引上の観点から上記の請求を行い得る場面はほとんど無いのではないかと思われます。

　以上のとおり、取締役会議事録については、定款・株主名簿・株主総会議事録に比して開示の要件が厳しく設定されていますが、これは、取締役会議事録が秘密事項を含む可能性が高いことによると考えられます。

　※1　株式会社（※取締役会設置会社）の**債権者**も、役員又は執行役の責任を追及するため必要があるときは、裁判所の許可を得て、上記と同様の請求をすることができます（会社法371④）。

　※2　株式会社（※取締役会設置会社）の**親会社社員（親会社の株主そ**

の他の社員）も、その権利を行使するため必要があるときは、裁判所の許可を得て、上記と同様の請求をすることができます（会社法371⑤）。

⑵　任意の開示

　株式会社（※取締役会設置会社）の取引相手が当該会社の株主等でない場合には、上記⑴の請求権はありません。

　この場合、取締役会議事録の開示要請に対する諾否等は当該株式会社の任意であり、開示の有無・程度・方法等は、結局、両者のビジネス上の力関係によって決まることになります。

〈5〉 計算書類等

視点

　本項では、株式会社の計算書類等の開示について概説します。

　なお、株式会社の「会計帳簿」については、その開示範囲がかなり限定的であるため（会社法433）、本書では取り上げないこととします。

1 意　義

　株式会社の「計算書類等」とは、計算書類（**貸借対照表、損益計算書**その他株式会社の財産及び損益の状況を示すために必要かつ適当なものとして法務省令で定めるもの）及び**事業報告**並びにこれらの**附属明細書**（**監査報告**又は**会計監査報告**が作成される会社では、それらも含みます。）等を意味します（会社法435②③、442①など参照）。

2 取引上の開示のニーズ

　株式会社の取引相手の立場から見ると、与信や債権回収等の観点から当該会社の経営状態・財務状況等を確認したい場合等に、計算書類等の開示を受けるニーズがあり得ます。

3　開示の方法

(1)　法定の開示

　株式会社は、①計算書類等を、会社法442条1項各号に定める期間、その本店に備え置かなければならず（会社法442①）、また、②計算書類等の写しを、会社法442条2項各号に定める期間、その支店に備え置かなければなりません（会社法442②。なお、計算書類等が電磁的記録で作成されている場合の例外あり。）。

　そして、株式会社の**株主及び債権者**は、当該会社の営業時間内は、いつでも、計算書類等の閲覧・コピー交付等の請求を行うことができます（会社法442③）。

　したがって、株式会社の取引相手が当該会社の株主や債権者である場合には、当該会社の計算書類等について、法定の開示請求権を有することになります。

> ※1　株式会社の**親会社社員（親会社の株主その他の社員）**も、その権利を行使するため必要があるときは、裁判所の許可を得て、上記と同様の請求をすることができます（会社法442④）。
>
> ※2　**株式会社と訴訟をしている者**は、その裁判所に対し、当該会社の計算書類・附属明細書の提出命令の申立てをすることができます（会社法443）。

(2)　任意の開示

　株式会社の取引相手が当該会社の株主や債権者等でない場合には、上記(1)の請求権はありません。

　この場合、計算書類等の開示要請に対する諾否等は当該株式会社の任意であり、開示の有無・程度・方法等は、結局、両者のビジネス上の力関係によって決まることになります。

参 考 文 献

＜民法関係＞

○我妻榮・有泉亨・清水誠・田山輝明　著　『我妻・有泉コンメンタール民法—総則・物権・債権—』（第４版）（日本評論社）

○遠藤浩・川井健・原島重義・広中俊雄・水本浩・山本進一　編　『民法⑴総則』（第４版増補補訂版）（有斐閣）

○遠藤浩・川井健・原島重義・広中俊雄・水本浩・山本進一　編　『民法⑷債権総論』（第４版増補補訂版）（有斐閣）

○遠藤浩・川井健・原島重義・広中俊雄・水本浩・山本進一　編　『民法⑸契約総論』（第４版）（有斐閣）

○遠藤浩・川井健・原島重義・広中俊雄・水本浩・山本進一　編　『民法⑹契約各論』（第４版増補補訂版）（有斐閣）

○遠藤浩・良永和隆　編　『別冊法学セミナー No.215　基本法コンメンタール／民法総則』（第六版）（日本評論社）

○遠藤浩　編　『別冊法学セミナー No.185　基本法コンメンタール／債権総論』（第四版）（日本評論社）

○遠藤浩　編　『別冊法学セミナー No.186　基本法コンメンタール／債権各論Ⅰ』（第四版）（日本評論社）

○遠藤浩　編　『別冊法学セミナー No.187　基本法コンメンタール／債権各論Ⅱ』（第四版）（日本評論社）

○筒井健夫・村松秀樹　編著　『一問一答　民法（債権関係）改正』（商事法務）

○第一東京弁護士会　司法制度調査委員会　編集　『新旧対照でわかる　改正債権法の逐条解説』（新日本法規）

○東京弁護士会法友全期会　債権法改正特別委員会　編著　『弁護士が弁護士のために説く　債権法改正』（改訂増補版）（第一法規）

＜借地借家法関係＞

○稲本洋之助・澤野順彦　編　『コンメンタール　借地借家法』（第4版）（日本評論社）

○田山輝明・澤野順彦・野澤正充　編　『別冊法学セミナーNo.257　新基本法コンメンタール／借地借家法』（第2版）（日本評論社）

＜会社法関係＞

○江頭憲治郎　著　『株式会社法』（第7版）（有斐閣）

○落合誠一　編　『会社法コンメンタール8―機関(2)』（商事法務）

○奥島孝康・落合誠一・浜田道代　編　『別冊法学セミナーNo.242　新基本法コンメンタール／会社法1』（第2版）（日本評論社）

○奥島孝康・落合誠一・浜田道代　編　『別冊法学セミナーNo.243　新基本法コンメンタール／会社法2』（第2版）（日本評論社）

○奥島孝康・落合誠一・浜田道代　編　『別冊法学セミナーNo.239　新基本法コンメンタール／会社法3』（第2版）（日本評論社）

著者紹介

木村　英治（きむら　えいじ）

【略歴】

平成10年 3 月	東京大学法学部卒業
平成10年 4 月	三井不動産株式会社入社
平成17年10月	弁護士登録
	佐藤綜合法律事務所入所
平成20年12月	加治・木村法律事務所入所
平成30年 1 月	木村経営法律事務所開設
	現在に至る

【主な取扱分野】

企業法務（商事事件等を含む。）　　　医療法務（内部紛争等を含む。）
不動産法務（借地借家事件等を含む。）　相続案件（事業承継等を含む。）

【主な活動】

- 平成22年度　医療施設経営安定化推進事業（厚生労働省医政局委託）
「出資持分のない医療法人への円滑な移行に関する調査研究」
　　企画検討委員会委員
- 平成25年度　医療施設経営安定化推進事業（厚生労働省医政局委託）
「医療法人の適正な運営に関する調査研究」
　　企画検討委員会委員
- 平成26年度　医療施設経営安定化推進事業（厚生労働省医政局委託）
「持分によるリスクと持分なし医療法人の移行事例に関する調査研究」
　　企画検討委員会委員
- 税理士・コンサルタント等向けの講演多数

【著作】

『Q＆Aで理解する医療法人のための法務・労務・税務』（共著・税務研究会）

木村経営法律事務所
〒108-0014　東京都港区芝五丁目29番20号クロスオフィス三田205号室
http://www.e-kimuralaw.jp/

中小企業のための実戦契約法務

| 令和2年2月25日　初版第一刷印刷 | （著者承認検印省略） |

令和2年3月1日　初版第一刷発行

©　著　者　　木　村　英　治

発行所　　税　務　研　究　会　出　版　局

週刊「税務通信」発行所
「経営財務」

代表者　　山　根　　　毅

郵便番号100-0005

東京都千代田区丸の内1-8-2（鉃鋼ビルディング）

振替00160-3-76223

電話〔書 籍 編 集〕03(6777)3463

〔書 店 専 用〕03(6777)3466

〔書 籍 注 文〕03(6777)3450
〈お客さまサービスセンター〉

● 各事業所 電話番号一覧 ●

北海道 011(221)8348	中　部 052(261)0381	九　州 092(721)0644
東　北 022(222)3858	関　西 06(6943)2251	神奈川 045(263)2822
関　信 048(647)5544	中　国 082(243)3720	

〈税研ホームページ〉　https://www.zeiken.co.jp

乱丁・落丁の場合は，お取替え致します。　　　印刷・製本　株式会社　朝陽会

ISBN 978-4-7931-2491-4